SEXO, ESPIRITUALIDAD Y PLENITUD

RESPUESTAS PARA LOS CATÓLICOS DE HOY

CHARLES E. BOUCHARD, OP

LIBROS
LIGUORI

Imprimi Potest:
Stephen T. Rehrauer, CSsR
Provincial de la Provincia de Denver
Los Redentoristas
Imprimatur: "Conforme al C. 827 el Reverendísimo Edward M. Rice, obispo auxiliar
de St. Louis, concedió el Imprimátur para la publicación de este libro el 10 de
diciembre de 2015. El Imprimátur es un permiso para la publicación que indica que
la obra no contiene contradicciones con las enseñanzas de la Iglesia Católica, sin
embargo no implica la aprobación de las opiniones que se expresan en la obra. Con

este permiso no se asume ninguna responsabilidad".

Publicado por Libros Liguori
Liguori, MO 63057-9999

Para hacer pedidos llame al 800-325-9521.
www.liguori.org
www.librosliguori.org

Library of Congress Cataloging-in-Publication Data
Bouchard, Charles.
  [Sexuality and morality. Spanish]
  **Sexo, espiritualidad y plenitud : respuestas para Católicos de hoy / Charles E.
Bouchard, OP. -- Primera edición.**
    pages cm
  ISBN 978-0-7648-2571-2
  1. Sex--Religious aspects--Catholic Church. 2. Sexual ethics. I. Title.
  BX1795.S48B6818 2015
  241'.664--dc23
                            2015020536
p ISBN 978-0-7648-2571-2
e ISBN 978-0-7648-7023-1

Los textos de la Escritura que aparecen en este libro han sido tomados de la *Biblia de
Jerusalén* versión latinoamericana © 2007, Editorial Desclée de Brower. Usada con
permiso. Todos los derechos reservados

Textos tomados de documentos pontificios usados con permiso Copyright *Libreria Editrice
Vaticana* (© 2014 *Libreria Editrice Vaticana*).

Los textos tomados del Catecismo de la Iglesia Católica fueron empleados con permiso.

Impreso en Estados Unidos de América
17 16 15 14 13 / 5 4 3 2 1

Primera edición en los Estados Unidos de América

Índice

CAPÍTULO 3

Preguntas sobre el matrimonio, la familia y el divorcio 45

CAPÍTULO 4

Preguntas sobre la homosexualidad y sobre el sexo fuera del matrimonio   **59**

CAPÍTULO 5

Preguntas sobre reproducción, planeación familiar y aborto   **71**

Introducción

El sexo es una de las realidades humanas más importantes. Santo Tomás de Aquino lo coloca al mismo nivel que el alimento. Los placeres del gusto y del tacto son bienes fundamentales de la existencia humana, pero también pueden dar lugar a los pecados más graves. Vemos esto confirmado en nuestros días al reconocer la seriedad de un comportamiento adictivo. Simplemente piensa cuán difícil es superar una adicción a la comida, al alcohol o a las drogas. El deseo de satisfacción que se genera al usar estas sustancias es muy fuerte y difícil de controlar. El deseo de satisfacción sexual quizás es todavía más fuerte, porque involucra a toda la persona. Quizás por su fuerza e importancia en nuestras vidas, el sexo recibe mucha atención, pero no siempre de una manera adecuada. Esto es especialmente cierto en la Iglesia, donde muchos católicos identifican al sexo con el pecado o simplemente con un "no". Esto es triste porque nuestra fe tiene muchas más cosas que decir sobre el sexo.

El sexo es santo, el sexo es un sacramento, el sexo es la forma en que participamos en el mismo acto creador de Dios. El sexo puede ser también violento, manipulador y destructivo. De hecho, la mayor parte de los asesinos en serie no matan simplemente por matar, sino porque sus apetitos sexuales se han desviado seriamente hacia la violencia, en vez de hacia el amor y la reciprocidad.

Tres ideas equivocadas

Hay tres ideas equivocadas sobre el sexo de las que voy a hablar mientras respondo a las diversas preguntas sobre sexo, espiritualidad y plenitud. La primera es que el sexo solo tiene que ver con actos o con lo que yo *hago*; en realidad, como el sexo existe antes de que haya actividad sexual, este tiene que ver en primer lugar con las personas y con *quiénes somos*. Quizás yo nunca tenga relaciones sexuales, pero sigo siendo una persona sexuada, un hombre o mujer que tiene un sexo biológico, así como una sexualidad masculina o femenina. Los actos, por supuesto, son importantes, pero son secundarios en relación con toda mi personalidad sexuada. El sexo no tiene que ver solamente con lo que hago, sino con lo que soy. Por ello, no vamos a insistir solamente en los pecados sexuales, sino también en las virtudes morales que harán de nosotros personas completamente felices.

La segunda idea equivocada es que los pecados sexuales son en cierta forma peores que los demás pecados. Nuestra sociedad tiene muchos conflictos en este punto. Por un lado, vemos todo tipo de actividad sexual en la televisión y en las películas. Gran parte de esa actividad es casual y se presenta como inocua o puramente recreativa. Por otro lado, tenemos docenas de leyes que prohíben el acoso sexual y nos horrorizamos si una mujer es violada o si se abusa sexualmente de un niño. La sexualidad tiene una gran fuerza en el ser humano y quizás por ello la Iglesia le ha dedicado tanta atención a lo largo de la historia. Pero es equivocado pensar que los pecados sexuales son peores que otros. Los pecados contra la justicia, la caridad y la verdad pueden ser, por mucho, peores y más destructivos. Podemos pensar simplemente en las desigualdades económicas del mundo o en las mentiras y la soberbia que conducen a la guerra para saber que esto es verdad.

La tercera idea equivocada es pensar que el sexo es algo simplemente físico y que por tanto no tiene consecuencias psicológicas o morales a largo plazo. Es verdad que a menudo pensamos en el sexo simplemente como sexo, pero los adultos saben –y los adolescentes lo aprenden con suficiente rapidez– que el sexo tiene muchísimas ramificaciones psicológicas y espirituales. El sexo puede tener consecuencias físicas como un embarazo o las enfermedades de transmisión sexual, pero los efectos que más duran son a menudo los emocionales.

Tres afirmaciones

A lo largo de este libro, mis respuestas estarán basadas en tres convicciones fundamentales que nacen de la tradición moral católica. La primera es que somos seres sexuados y que Dios quiere que así sea. Dios nos creó hombre y mujer, y debemos considerar eso un gran don. Dios no quiere que reprimamos, suframos u ocultemos nuestra sexualidad. Dios quiere que reconozcamos lo que somos y que vivamos como personas buenas y creyentes. No existimos como personas en general; cada uno de nosotros, incluso Jesús, es hombre o mujer. El hecho de la masculinidad de Jesús le causa problemas a algunos. ¿No podría Dios haberse encarnado de una forma más inclusiva, de una manera "unisex", en vez de haberse limitado a ser hombre o mujer? Sin embargo, la única forma en que Jesús podía ser completamente humano era adoptando uno u otro género.

La segunda afirmación es que el sexo y la sexualidad son sacramentales. Esto significa que –al igual que otras cosas buenas que usamos en los siete sacramentos (pan, vino, tacto, agua) como signos para causar la gracia de Dios– nosotros mismos como personas sexuadas somos también sacramentos. Piensa por un momento en el *hombre* más maravilloso que conozcas: alguien que es justo, santo, fuerte, preocupado por los demás y generoso. La gracia de Dios pasa a través del conjunto único de cualidades masculinas que él manifiesta. La vida de ese hombre es sacramental.

Ahora piensa en una *mujer* santa, una que es igualmente justa, santa, fuerte, preocupada por los demás y generosa. La presencia de Dios también pasa a través de ella, pero de una manera distinta. La diferencia es la sexualidad. Dios no se hace presente a nosotros en general, sino a través de las cosas creadas. Las personas, las personas sexuadas, son los primeros sacramentos de la presencia de Dios. La mayor parte de lo que sabemos acerca de Dios, lo sabemos a través de las personas. Esto va más allá del aspecto físico de la sexualidad. Cuando una pareja casada tiene intimidad sexual, los esposos se convierten en sacramentos el uno para el otro. Cada aspecto de la vida matrimonial –incluso el explícitamente sexual– tiene la capacidad de hacer presente la gracia de Dios. Denise Lardner Carmody, en uno de mis textos favoritos sobre el sexo y el matrimonio, hace incluso una comparación entre el acto sexual y la vida de la Santísima Trinidad:

> Cuando hacemos el amor, el amor del Padre, del Hijo y del Espíritu se hace presente... ¿Podría ser que el Espíritu Santo es esa hermosa luz que nos hace atractivos al uno para el otro? El entusiasmo, la excitación, la necesidad y el dolor que experimentamos, ¿tienen algo que ver con la vida misma de Dios? A no ser que esté equivocada en mi comprensión del papel de la analogía en la Teología Católica, cualquier cosa decente que hay en nuestro amor sexual lleva la huella de aquel amor unitario que nos creó. El orgasmo humano nos habla de un intenso gozo que tiene su origen en la divina perfección[1].

La tercera afirmación es que la moralidad y la santidad no consisten únicamente en obedecer leyes arbitrarias. Se trata más bien de plenitud, integración, felicidad y realización personal. Es algo que a muchos católicos les sorprende, pero en la vida moral de lo que se trata principalmente es de encontrar la felicidad. No hablamos de un tipo de felicidad superficial y transitoria, como la que tenemos cuando compramos una motocicleta o nos ganamos la lotería; se trata de una felicidad intensa y profunda que hace la vida digna de ser vivida. Las normas morales son importantes porque tratan de decirnos qué es lo que nos lleva a la felicidad y realización humanas, pero al final la vida moral es un proceso de prueba y error. Para poder abrazar completamente esos bienes morales, necesitamos primero experimentarlos. Conforme vamos creciendo, aprendemos más y más sobre cómo adquirir este tipo de felicidad profunda y nos volvemos más capaces de alcanzarla. La película de Bill Murray *Día de la marmota* (*Groundhog Day*) es un excelente ejemplo de esto. En la película, el personaje principal se descubre a sí mismo viviendo una y otra vez el mismo día. Al inicio trata de manipular las cosas para aprovecharse y luego se da cuenta de que hay algo más y comienza a pensar cómo hacer para que las cosas de verdad funcionen a largo plazo. Al final, su manipulación egoísta da paso a la virtud.

La virtud exige que aprendamos a pensar a largo plazo y a preguntarnos a nosotros mismos qué es lo que realmente nos va a llevar a nuestra realización personal, a ser lo que Dios quiere que seamos. La santidad no consiste en ser otra persona, sino en ser plenamente quienes nosotros somos. Nadie lo dice mejor que Thomas Merton:

> Las semillas plantadas en mi libertad a cada momento por la voluntad de Dios, son las semillas de mi propia identidad, de mi propia realidad, de mi propia felicidad y santidad. *Para mí, ser santo significa ser yo mismo.* Por ello, el problema de encontrar quién soy yo es en el fondo el problema de descubrir mi verdadera vida. El secreto de mi identidad está oculto en el amor y la misericordia de Dios. Por tanto, hay solo un problema del cual depende toda mi existencia, toda mi paz interior y felicidad: descubrirme a mí mismo mientras descubro a Dios[2].

Incluso los santos eran seres sexuados. La gracia de Dios en sus vidas no destruyó ese aspecto y lo reemplazó con algo distinto. La gracia lo llevó a la perfección. Tengamos presente esta importante lección, mientras respondemos a preguntas muy concretas sobre la sexualidad.

Las preguntas que aparecen en este libro son preguntas reales, hechas por católicos de diversas parroquias de los Estados Unidos. Son preguntas que he encontrado en mi propia experiencia durante la dirección espiritual y la Confesión, y creo que representan la mayor parte de las preocupaciones que los católicos adultos tienen en relación con el sexo, la moralidad y la espiritualidad. Las respuestas son breves y la exposición no es sistemática; no obstante, deseo que se conviertan en una invitación para mirar más de cerca la Tradición y las orientaciones de la Iglesia.

CAPÍTULO 1

Amor, moralidad y sexualidad

Hemos dicho que somos "co-creadores" con Dios. Esto es verdad en nuestro trabajo, con el que tratamos de llevar a la creación de Dios a su realización. También es verdad en la vida política, en la que cooperamos unos con otros para alcanzar el bien común sobre la tierra. En la medida en que hacemos eso, anunciamos la llegada del Reino de Dios.

Una de las formas más intensas en que colaboramos con Dios en la creación es en el amor y en la procreación. En el amor conyugal, las personas son de hecho capaces de crear una vida que está dotada de un alma eterna. Aunque hay muchos casos en que la gente entra en este proceso de forma superficial y sin preocuparse por las consecuencias, es una de las cosas más serias que dos seres humanos pueden hacer.

Una nota sobre la forma de tomar decisiones morales

En este capítulo y en los que siguen vamos a hablar también, además del amor y de la sexualidad, de la moralidad. Es importante definir con exactitud qué queremos decir con esta palabra. La moralidad es una forma particular de conocimiento. No se trata solo de conocer hechos o de conocer una verdad científica o matemática a la que se llega a través de un riguroso raciocinio. Ni se trata de saber cómo hacer algo, como cuando un artista "sabe" cómo crear una bella canción o un cuadro.

El conocimiento moral es un conocimiento práctico o es "saber qué se debe hacer". Requiere la comprensión de principios generales y la habilidad para aplicarlos a situaciones concretas. Desde temprana edad aprendemos a tomar decisiones morales y conforme vamos creciendo adquirimos cierta habilidad a la que llegamos gracias a una conciencia bien formada.

La conciencia es tanto una capacidad general como un juicio concreto; el *Catecismo de la Iglesia Católica* describe la conciencia como "un juicio de la razón por el que la persona humana reconoce la cualidad moral de un acto concreto que piensa hacer, está haciendo o ha hecho" (*CIC* 1778). Todos tenemos al menos un mínimo sentido moral de lo que está bien y lo que está mal, pero las complejas decisiones que debemos afrontar requieren que entrenemos o formemos ese sentido moral. A esto lo llamamos "formación de la conciencia", una tarea de toda la vida que requiere la habilidad para ver lo que se nos presenta con nitidez, de forma que podamos tomar decisiones seguras, basadas en la razón, la Escritura, las enseñanzas de la Iglesia, el consejo de otros y la apertura a la luz del Espíritu Santo.

Los católicos frecuentemente preguntan sobre la relación entre conciencia y enseñanza de la Iglesia, como si tuviéramos que escoger entre una y otra. He escuchado a gente decir: "o sigo la enseñanza de la Iglesia o sigo mi conciencia". De hecho, hay un equilibrio delicado entre la enseñanza moral de la Iglesia, que radica en la Escritura y que se ha depurado a lo largo de siglos de experiencia humana y autonomía de la conciencia. Ambas instancias no se oponen. La conciencia es una habilidad o talento que usa la enseñanza de la Iglesia para llegar a una decisión moral concreta aquí y ahora. La conciencia es la única forma en la que podemos ver el mundo moral que tenemos ante nosotros. Cómo una lente, puede estar sucia o rota, pero sigue siendo esencial para el discernimiento moral.

El *Catecismo* nos dice que debemos "obedecer siempre el juicio cierto de nuestra conciencia" (cf. *CIC* 1790), pero es importante notar que para tomar una decisión concienzuda que sea tanto correcta como cierta, esta debe nacer de una conciencia bien formada y sincera en su búsqueda de la respuesta correcta. Esta búsqueda sincera de la verdad moral es la parte más difícil de la madurez moral. Podemos tomar el camino más fácil y escoger aquello que más nos conviene o que nos da más placer a corto plazo. Pero una búsqueda sincera significa que de verdad queren saber lo que es correcto, que es lo que *realmente* nos va a realizar, incluso si en la práctica es difícil de hacer.

La falta de cuidado o la equivocación deliberada para informarnos lo más posible nos hace responsables de pecado. Cuando se trata del sexo, el deseo de satisfacción y de placer sexual puede ser tan fuerte que nos lleve a sofismas o a tomar atajos morales que nos permitan engañarnos a nosotros mismos tomando una decisión equivocada.

Nadie escoge el mal por el mal. Nosotros solo escogemos un bien, incluso si es solo un bien aparente o un bien a un plazo muy corto. En ética sexual, el bien que escogemos por lo general es el placer (aunque ese placer en otros campos también puede ser dinero, influencia o prestigio). Si bien ninguna de estas cosas es mala, la opción por una de ellas se convierte en pecaminosa si al escogerlas rechazamos un bien más grande o perdurable. Así, el cónyuge que tiene una aventura escoge el afecto y placer que la aventura le ofrece, pero rechaza el bien mucho más importante de la fidelidad y la confianza.

A lo largo de este libro hablaremos de la virtud y de las opciones virtuosas. La virtud es una habilidad moral o una cualidad del carácter a la que se llega después de repetir una buena elección. Esto nos permite ver con claridad que la moralidad no es solo algo que tiene que ver con hacer lo correcto, sino también con llegar a ser el tipo de persona que hace lo correcto fácilmente y con alegría.

La virtud se parece más bien a las habilidades musicales o atléticas que comienzan con un talento básico que es entrenado para responder de la mejor manera posible. Esta es la razón por la que algunas veces se habla de un músico consagrado como alguien "virtuoso". Al entrenar su habilidad, el músico es capaz de producir algo bello sin esfuerzo aparente. La habilidad se ha convertido en una segunda naturaleza: agrada a otros y también provoca el gozo en el músico.

De manera similar, adquirimos la virtud gradualmente a través de la práctica de hacer diversas elecciones morales. Al final nuestra virtud o inclinación para hacer lo correcto se vuelve más fuerte; entonces comienza a influir en elecciones futuras. La persona verdaderamente virtuosa no solo puede realizar actos morales que son bellos, sino que también encuentra su realización y felicidad en ellos.

¿Cómo define la Iglesia "amor"?

Amor es una palabra con muchos significados diferentes. Podemos hablar del amor de Dios hacia nosotros o del amor de nuestras madres o de nuestro amor al chocolate o a esquiar. La filosofía griega distingue entre philía o amor fraternal y eros o amor sexual. Las preguntas de este libro se relacionan principalmente con el eros o el tipo de amor propio de la atracción romántica y del matrimonio, pero en ellas también se habla de un tipo más amplio de amor que sostiene a las familias y las sociedades en las que el matrimonio tiene lugar.

El amor sexual tiene dos aspectos. El primero nos es conocido. Es el que retrata la canción "Es muy fácil (enamorarse)" hecha famosa por Buddy Holly y de la que existe una nueva versión por Linda Ronstadt. Hay gran parte de verdad en este título; muestra la atracción que conduce al amor. Todos han tenido la experiencia de haber sido tocados por alguien, experimentando el amor a primera vista. Esta persona es alguien a quien yo deseo, alguien a quien yo quiero, alguien que de verdad toca todos mis botones. Esa es la parte de "enamorarse".

Pero el amor no es solo atracción. Requiere también el compromiso. Amar a alguien en el sentido más profundo significa querer constantemente el bien de aquella persona. Después de la atracción, seguimos amando a esa persona por ser él o ella quien es, no solo por la satisfacción física o el placer que él o ella nos aporta. La atracción se da de forma espontánea, pero después tenemos que hacer nuestro amor real por medio de una elección deliberada para amar a esa persona "en la prosperidad y en la adversidad", como dicen los votos del ritual del matrimonio. Es fácil decir "estamos enamorados" cuando la atracción sexual ejerce toda su fuerza; pero, a menudo, lo que estamos experimentando es más bien el amor por la satisfacción sexual misma, más que el amor a esa persona. Eso no quiere decir que ambas cosas no puedan estar juntas, pero desafortunadamente a menudo no lo están. Es fácil decir "te quiero" por una noche, es más difícil decir "te quiero" por un período de cinco, diez o cincuenta años. Es un trabajo de toda la vida.

Para los cristianos el amor tiene todavía otro aspecto: disfrutamos la atracción física y las posibilidades que conlleva; amamos a la otra persona a través de un compromiso; pero, como cristianos, también amamos como Dios nos ama a nosotros, esto es, sin escatimar sacrificios ni dudarlo. En pocas palabras, debemos amar por un acto de fe, uniéndonos nosotros mismos a esa persona y a su destino exactamente de la misma forma en que Dios se unió a nosotros. En el amor real constantemente queremos lo mejor para la persona que amamos; debemos estar preparados para pagar el costo que ello implica. Cuando amamos a alguien como Dios nos ama y porque Dios nos amó primero, nuestro amor se vuelve sacramental.

Como escribe el Papa Benedicto XVI en su encíclica *Dios es amor*, el amor sexual, el amor de caridad y el amor en la comunidad no pueden separarse por completo. Crecemos en medio de ellos mientras la gracia los perfecciona en nosotros mismos. Dice el Papa:

En realidad, *eros* y *agapé* —amor ascendente y amor descendente— nunca llegan a separarse completamente. Cuanto más encuentran ambos, aunque en diversa medida, la justa unidad en la única realidad del amor, tanto mejor se realiza la verdadera esencia del amor en general. Si bien el eros inicialmente es sobre todo vehemente, ascendente —fascinación por la gran promesa de felicidad–, al aproximarse la persona al otro se planteará cada vez menos cuestiones sobre sí misma, para buscar cada vez más la felicidad del otro, se preocupará de él, se entregará y deseará «ser para» el otro.

Hablando a un grupo de jóvenes italianos en Umbría, en 2013, el Papa Francisco dijo que el amor que encontramos en el matrimonio tiene muchos riesgos, pero que son riesgos que valen la pena. "Jesús no nos salvó provisionalmente", dijo el Papa, "nos salvó de forma definitiva". Por esa misma razón, nuestro amor tampoco debe ser provisional. Debemos estar deseosos de tomar el riesgo de comprometernos de forma permanente, haciendo del matrimonio una vocación más que una mera etapa de la vida.

¿Qué entendemos por sexualidad?

La sexualidad es quizás el aspecto más complejo y misterioso de la experiencia humana. Podemos hablar del sexo y creer que lo entendemos. La mayoría de las personas se clasifican con facilidad como hombre o mujer de acuerdo con ciertos indicadores genéticos y características externas que son fácilmente observables. La sexualidad, sin embargo, tiene una serie de significados distintos y no es fácil de esquematizar. En cierta forma, la sexualidad es nuestra identidad sexual objetiva, la mezcla de genética, psicología, roles, género y actitudes que nos hacen ser quienes somos. La sexualidad es más que simplemente "macho" o "hembra"; comienza con el sexo biológico, pero abarca una amplia gama de experiencias y tendencias personales. Dios nos ha creado con una identidad o personalidad específica. Cada uno de nosotros tiene una personalidad sexuada distintiva, una que es solo nuestra y que no se parece a la de nadie más. Aun así, la naturaleza exacta de esta identidad no es aprehensible por completo, incluso para nosotros mismos. Solo en la vida futura, cuando Dios nos lleve a la plenitud, conoceremos plenamente quiénes somos.

La sexualidad abarca toda nuestra persona porque solo a través de los lentes de nuestra sexualidad podemos experimentar el mundo o relacionarnos con otros. No podemos relacionarnos con la gente en general, sino solo a través de nuestra personalidad sexuada y única. Esto es verdad incluso para quienes viven en celibato: aunque ellos no tengan actividad sexual, siguen siendo personas sexuadas que tienen una experiencia específica del mundo porque son hombres o mujeres.

Ya sea que esté teniendo una buena conversación con mi mejor amigo o recibiendo el cambio que me da el empleado de la caseta de cobro, estoy haciendo eso como persona sexuada. Algunas veces esto es más obvio, por ejemplo, cuando estamos haciendo cosas típicas de mujeres con mujeres o cosas típicas de hombres con otros hombres; pero cualquiera que sea el contexto, todo lo que experimentamos es a través de nuestra perspectiva sexuada y única.

La segunda forma en que experimentamos nuestra sexualidad es a través de la expresión genital. Si tengo relaciones sexuales con alguien, me estoy involucrado en un tipo específico y privilegiado de comunicación corporal, el cual me toca en lo más profundo. La persona hacia la que me siento atraído o atraída posee un patrón específico de atracción al que se le ha llamado "mapa del amor". Así, algunas mujeres se sienten atraídas por hombres altos, delgados o rubios; otras hacia hombres bajos y fornidos con el pelo negro rizado. Del mismo modo, algunos hombres pueden sentirse más atraídos por mujeres bajas y con el pelo castaño, mientras otros invariablemente se sienten atraídos hacia mujeres pelirrojas con ojos verdes. Aunque hay muchos otros factores que determinan al final de quién nos enamoramos, estos atractivos físicos del principio se encuentran enraizados en nuestra sexualidad.

¿Qué dice la Biblia sobre el sexo y la sexualidad?

La Biblia es una colección de libros escrita a lo largo de muchos siglos. Sería imposible escribir aquí todo lo que la Biblia dice sobre el sexo. Sin embargo, entre los cientos de referencias al sexo y la sexualidad, tres o cuatro son particularmente importantes y marcan la pauta sobre la forma en que debemos entender el resto.

- *Creación* (Génesis 1:27-28). El primer relato de la creación dice "Creó, pues, Dios al ser humano a imagen suya, a imagen de Dios lo creó. Y los bendijo Dios con estas palabras: 'Sean fecundos y multiplíquense, y llenen la tierra y sométanla'". Desde el inicio, la sexualidad participa del acto creador de Dios. El segundo relato (Génesis 2:23-25) habla de Eva que es creada como "hueso de mis huesos y carne de mi carne" y afirma la santidad del matrimonio diciendo que esta es la razón por la que el hombre deja a su padre y a su madre, y "se unirá a su mujer y se harán una sola carne". Una y otra vez en la Escritura, Dios usa el acto sexual y la procreación, no solo para traer nuevos seres humanos al mundo, sino también para llevar adelante su plan de salvación.

- *El pecado de Adán y Eva* (Génesis 3). El pecado original no arruinó la sexualidad, pero seguramente le quitó parte del gozo que había en ella. Heredamos el pecado de Adán y Eva como una tendencia muy obstinada a hacer lo incorrecto. Como dice san Pablo, "no hago el bien que quiero, sino que obro el mal que no quiero" (Romanos 7:19). El pecado de Adán y Eva nos recuerda que en el sexo, al igual que en otros aspectos de nuestra vida, la bondad moral ya no nos viene de forma natural. Necesitamos perseverancia y la gracia de Dios para crecer en la virtud y llevar una vida santa.

- *La mujer sorprendida en adulterio* (Juan 7:53-8:11) y *la mujer en el pozo* (Juan 4:3-30). Estos relatos son apasionantes y están llenos de suspenso. En ambos casos,

Jesús encuentra a una mujer que no solo es extranjera, sino también pecadora. Quizás pensamos que Jesús las iba a condenar o que se iba a alejar de ellas, pero no lo hace. De hecho, incluso ignora las convenciones sociales cundo le pide a la mujer samaritana agua para beber. Ella, por su parte, entiende quién es Cristo y corre a anunciarlo a los demás. Estos dos pasajes son dos relatos que hablan claramente de perdón y redención. Nos recuerdan que los pecados sexuales no son peores que los demás. El perdón está disponible para todos a través de la fe.

- *Amen a sus esposas como Cristo ama a la Iglesia* (Efesios 5). En este pasaje, san Pablo exhorta a los esposos y esposas a amarse entre sí del mismo modo en que Cristo ama a la Iglesia. Aunque a veces nos distraemos con las palabras de Pablo en las que dice que las esposas deben "estar sometidas a sus maridos", lo verdaderamente importante de este pasaje es que Pablo eleva el matrimonio y el amor físico al mismo nivel del amor de Dios por nosotros. Este pasaje también sugiere que el matrimonio es un reflejo de la alianza que el mismo Dios hace con nosotros, una alianza a través de la cual él nos ofrece la salvación. Reflejando el concepto de alianza presente en las Escrituras judías, san Pablo presenta la relación de Cristo con la Iglesia como un matrimonio: llena de amor, fecunda y eterna.

¿La moral sexual es lo mismo que otros tipos de moral o tiene normas diferentes?

La moral sexual obviamente difiere de otros tipos de moralidad, porque tiene que ver con ciertos aspectos concretos de la vida humana. Los dilemas morales que encontramos en los negocios, por ejemplo, no son los mismos que los que encontramos en el matrimonio, la familia y la procreación. Sin embargo, la meta o propósito de cualquier moralidad es la felicidad humana; y esta pasa por todas las preguntas morales que podamos encontrar en nuestra vida. Es más, estamos llamados a la plenitud. No podemos alcanzar la felicidad si estamos fragmentados o divididos. En ese sentido, las normas de la moral sexual son parte de un contexto más amplio que abarca a toda la persona. Si para ser plenamente un ser humano se requiere ser justo, honesto, respetuoso, generoso y productivo, podemos ver la forma en que estos valores se viven en la actividad sexual, en la ética de negocios o incluso en la ética del ambiente.

El Papa Francisco causó mucho revuelo cuando, poco después de su elección, dijo que la Iglesia no debería obsesionarse con ciertos temas morales que llevan a excluir a otros. Al decir esto, no estaba quitándole importancia a ciertos temas morales delicados, más bien, estaba diciendo que debemos buscar constantemente una mayor plenitud y tener presente siempre el contexto más amplio de la existencia humana. "Cuando hablamos de estos temas", dijo, "tenemos que hacerlo en un contexto". Ese contexto son todos los aspectos de la existencia humana. Jesús no vino a salvar solo algunas partes de nosotros. Vino a salvarnos por completo, en nuestra vida social, sexual, económica y política. La moral no tiene que ver solo con el sexo o el aborto, se trata de llegar a una realización completa y de ser santos[3].

Piensa por ejemplo en la virtud de la justicia. Cuando pensamos en la justicia, podríamos pensar que es la virtud para la gente que hace negocios, para los políticos o los abogados. No la asociaríamos en un primer momento con la moral sexual. Sin embargo, muchos de los pecados sexuales más serios son en realidad pecados contra la justicia. La mujer que comete adulterio está cometiendo una seria injusticia contra su esposo, contra sus hijos y probablemente contra la esposa de su amante. La pregunta moral sobre el divorcio también tiene que ver con la justicia. Cuando nos casamos, hacemos un compromiso público con otra persona. Estamos obligados en justicia a respetar ese compromiso. Si nos casamos por la Iglesia, ese compromiso se hace en nombre de la Trinidad, por lo que debemos fidelidad no solo a nuestro cónyuge y a nuestros seres cercanos, sino también a Dios. La justicia es esencial en la moral, incluso en la moral sexual. De hecho, se ha dicho que los únicos pecados sexuales que merecen ese nombre son aquellos que van contra la justicia. William E. May explica así esta relación:

> Existe una profunda relación entre la moral sexual y la justicia social. La justicia exige que demos a cada quien lo que le corresponde. Esto significa reconocer a cada ser humano por lo que un ser humano es: una persona valiosa, única e irremplazable. La relación sexual entre personas no casadas va contra la justicia al igual que contra la castidad, porque en cada relación el valor infinito de la persona no es reconocido[4].

La templanza nos ofrece otro ejemplo de una virtud que abarca muchos aspectos de la vida. Generalmente pensamos en la templanza como relacionada con la comida y la bebida, pero en realidad es la virtud que controla nuestro deseo de cualquier satisfacción: comida, bebida y por supuesto la actividad sexual, pero también la ira y la sed de venganza. La templanza no significa eliminar el deseo de cosas buenas, sino más bien educarlo para que actúe en nuestro beneficio.

Así, en relación con la comida, podemos formar la virtud de comer o beber con moderación, ni mucho ni poco. O podemos buscar la templanza al hablar cuando evitamos el placer del chisme, la ira o la venganza. O podemos ser templados desde el punto de vista sexual, de manera que valoremos y respetemos el placer y la atracción sexual, pero buscándolos con moderación y siempre en el contexto que nos hace respetar al otro. Llamamos a este tipo de templanza *castidad*.

La templanza también tiene su lugar en el mundo de los negocios. Aquí puede significar resistirse a la tentación de ganar demasiado dinero, de poseer muchas cosas o de controlar demasiadas compañías. Un hombre o mujer de negocios que actúa con templanza es, al igual que un esposo o una esposa, alguien que busca la gratificación y el éxito sin dejar de respetar a las personas.

Como la moralidad nos lleva a la plena realización, las mismas virtudes guían nuestro comportamiento en diversos aspectos de la vida. Por ello decimos que si una persona posee de verdad una virtud, entonces las posee todas; si le falta una virtud, en verdad le faltan todas. Esta es una forma de pensar en la unidad de la persona.

Ya no se habla de pecados veniales y mortales, ¿todavía existe esa distinción?

Los católicos de cierta edad recuerdan bien la diferencia entre pecado mortal y pecado venial. Cuando la práctica de la confesión frecuente cayó, se comenzó a hablar mucho menos de estos dos tipos de pecado, pero todavía existen diferencias importantes entre ellos.

Un pecado mortal, como lo dice su nombre, es un pecado serio o un pecado "que lleva a la muerte". Los pecados veniales son menos serios. Podemos juzgar la seriedad de un pecado de dos formas. La primera se basa en la materia del pecado o en lo que realmente hice; por ejemplo, hacer un fraude o asaltar a una persona son claramente una materia más grave que decir una mentira sobre la velocidad a la que conducía cuando me detiene un policía. Esta es una forma objetiva de determinar la pecaminosidad de un acto. Algunas cosas son peores que otras por su misma naturaleza. Otra forma de analizar el pecado es desde el punto de vista subjetivo, de forma que la intención es más importante que el acto en sí mismo. Incluso si el acto en sí mismo es relativamente menos grave, podría ser un pecado mortal dependiendo de la razón por la que lo hago. Por ejemplo, se me puede olvidar cerrar con llave principal de la casa de un amigo, lo cual no es un pecado serio en sí mismo. Puede llegar a ser un pecado serio si mi intención al no cerrar la puerta es ayudar a mi cómplice para que pueda robar.

Por otro lado, podría hacer algo objetivamente serio (como traicionar una confianza importante); pero si lo hago bajo coerción o sin entender completamente la malicia del acto, mi propia culpabilidad podría ser muy pequeña; la materia es mortal, pero mi pecado o responsabilidad moral es venial. Los confesores a menudo deben deducir la malicia a partir de la intención. No se trata solamente de lo que hago, sino también de mi libertad, conocimiento e intención al hacerlo.

No me he confesado en años, ¿por dónde empiezo?

En primer lugar, puede ayudar dejar a un lado experiencias negativas de la Confesión tenidas durante la niñez, especialmente si fueron dolorosas o desagradables. No nos vestimos, comemos, divertimos o hablamos como lo hacíamos cuando éramos niños. Del mismo modo, dejamos a un lado la forma en que mirábamos la moralidad y la Confesión en nuestra niñez para tener una actitud más adulta.

Hay dos grandes diferencias entre las experiencias morales que se tienen cuando uno es niño y cuando se es adulto. La primera es que, para los adultos, la vida moral no es solo una lista de cosas que se pueden hacer y cosas que no se pueden hacer. Para los adultos las preguntas no son simplemente "¿qué hice mal?", sino más bien, "¿por qué no hice lo que sé que debo hacer?". Como adultos, debemos estar más preocupados por los patrones y hábitos de conducta que por los actos concretos. Estos patrones y hábitos son lo que nosotros llamamos virtudes o vicios. Mientras los niños, por lo general, no tienen conciencia de haber cambiado y de haberse desarrollado, los adultos sí. A medida que crecemos, debemos concentrar nuestra atención en algo más amplio, preguntándonos "¿a dónde estoy yendo con mi vida? y si no estoy en el camino correcto, ¿cómo puedo encontrarlo?". La moralidad en los adultos se concentra más en "quién soy" más que en "qué he hecho".

En segundo lugar, incluso si la Confesión es menos frecuente que cuando eras niño, esta debe ser mucho más seria y debe hacerse cara a cara con un sacerdote, en lugar de durante unos cuantos minutos en un confesionario. Si no te has confesado por cierto tiempo, haz una cita con un sacerdote y trata de tener una conversación entre adultos acerca de en qué puntos has tenido éxito, en qué puntos has fallado y cómo puedes dar pasos reales hacia tu conversión. La Confesión no tiene que ver solo con lamentar tus caídas, también se trata de reconocer los momentos de gracia en tu vida y de abrir tu corazón a la presencia renovadora de Dios a través del perdón y la penitencia.

¿Existe algún pecado relacionado con el sexo que Dios no perdone?

No. Ya hemos hablado de que algunas veces la gente cree que los pecados sexuales son peores que otros, pero esto es consecuencia de ciertas actitudes culturales hacia el sexo que lo hacen parecer como vergonzoso o deshonroso. Si vemos la sexualidad como un don de Dios, entonces es difícil pensar que los pecados sexuales son, por su propia naturaleza, peores que otros pecados contra la justicia o la caridad. Si hay arrepentimiento y verdadera determinación de no volverlos a cometer, el perdón de Dios siempre estará disponible.

Esto no quiere decir que no sea difícil hablar, y ya no digamos confesar, nuestros pecados sexuales. Algunas veces nuestros más obscuros secretos están relacionados con pecados sexuales y pensamos "si alguien supiera lo que he hecho, va a creer que soy un depravado". Rara vez es el caso y por lo general nuestros miedos acerca de nuestras caídas en materia de castidad son mucho más grandes de lo que deberían.

Como joven sacerdote, en mi primer año después de mi ordenación, recibí una invitación para escuchar confesiones el Viernes Santo y el Sábado Santo. Acepté la invitación del párroco, deseoso de adquirir experiencia en el ministerio sacerdotal. Estuve en el confesionario bastantes horas cada día y puedo decir honestamente que nunca he escuchado algo relacionado con los pecados sexuales que no haya escuchado en esos dos días. Obviamente, existen pecados sexuales impensables y aberrantes, pero la mayoría de nosotros somos pecadores ordinarios. No debemos tener miedo de presentarlos al sacramento de la Reconciliación.

También es importante tener presente –tanto los confesores como los penitentes– que un pecado sexual serio y crónico puede tener a menudo un elemento de adicción que requiere ayuda psicológica, además de atención espiritual. Hablaré de esto más ampliamente en una pregunta más adelante.

¿Qué sabe la Iglesia sobre el sexo si todos sus líderes son célibes?

En primer lugar, no todos los sacerdotes fueron siempre célibes; de hecho, algunos incluso estuvieron casados y tuvieron hijos antes de su ordenación sacerdotal. En segundo lugar, los sacerdotes pueden ser célibes, ¡pero no somos neutros! Ya he mencionado anteriormente que, aunque no todas las personas tienen relaciones sexuales, todas son sexuadas y tienen una sexualidad. También los célibes son personas sexuadas que tienen deseos, experimentan atracciones y, sí, tienen pecados sexuales que confesar.

En el pasado, era común que en los seminarios se les pidiera a los estudiantes "dejar su sexualidad en la puerta", cuando estaban empezando sus estudios para el sacerdocio. Desgraciadamente, esta actitud de negación y represión propició algunas veces la inmadurez emocional y puede haber contribuido a los desequilibrios que llevaron al abuso sexual de menores. La formación en los seminarios ha cambiado enormemente más o menos a partir de la generación pasada. Actualmente se preocupan, no solo del aspecto académico, sino también de los aspectos humano, espiritual y de preparación para el ministerio. Esto significa que una de las primeras cosas que analizamos al considerar a alguien como candidato para el sacerdocio es su equilibrio emocional y sexual. No aceptamos a aquellos cuyo historial refleja una actividad sexual desordenada o inapropiada, ni aceptamos a aquellos que niegan sentir alguna atracción sexual. Buscamos hombres que tengan un concepto sano de su propia sexualidad y que sean capaces de hablar con honestidad de sus emociones y necesidades.

El celibato y la vida matrimonial tienen más cosas en común de lo que uno podría pensar. Ambos tienen que ver con la renuncia y el olvido de uno mismo; ambos requieren un equilibrio entre afecto y trabajo, y ambos requieren una vida espiritual alimentada por la oración, la Escritura y las buenas amistades. Por tanto, incluso si los célibes no han tenido una experiencia sexual genital, deben ser profundamente conscientes de los bienes y valores humanos que subyacen en toda relación humana.

Algunas veces se habla de los sacerdotes como "médicos del alma" o como "doctores del espíritu". Atienden a muchos "pacientes" y tienen una gran cantidad de conocimientos sobre la santidad y el pecado. Así como un excelente doctor no necesita tener cáncer para poder curarlo, así también un buen sacerdote puede dar un buen consejo a los esposos, aunque él mismo nunca se haya casado.

Estoy muy molesto y siento vergüenza de que tantos sacerdotes hayan abusado de niños. ¿Cómo pudo suceder eso?

La crisis de los abusos sexuales por parte de clérigos ha sido ciertamente una tragedia y una vergüenza, no solo para los laicos católicos, sino también para el clero. El abuso sexual – suficientemente malo en sí mismo– se hizo todavía más grave cuando la confianza de los padres y de las familias se vio traicionada por una conducta tan mala.

Debido a la complejidad de la sexualidad y de la atracción sexual, es difícil decir por qué algunas personas desarrollan una atracción hacia los niños. De hecho, existen al menos dos tipos distintos de pedofilia. La verdadera pedofilia implica la atracción a niños pequeños. Está profundamente enraizada y es difícil de tratar. La atracción hacia adolescentes –varones o mujeres– es diferente. A diferencia de la verdadera pedofilia, esta puede admitir cierta reciprocidad y en algunos casos (por ejemplo, un joven de diecisiete años o una niña de dieciséis) la frontera entre aceptable y no aceptable no es tan fácil de definir.

Las acusaciones contra sacerdotes abarcan ambos tipos de abuso sexual, aunque por mucho son más frecuentes los casos de abusos con adolescentes. En un estudio solicitado por la Conferencia de Obispos Católicos de Estados Unidos, en 2002, la Universidad John Jay de Justicia Criminal encontró que entre 1950 y 2002 hubo un total de 5,349 acusaciones sobre posibles abusos cometidos por sacerdotes y diáconos. El 90 por ciento de las diócesis y el 60 por ciento de las órdenes religiosas estudiadas tenían acusaciones. De los sacerdotes activos durante aquellos años, entre el 2.5 por ciento y el 7 por ciento de los sacerdotes diocesanos tenía acusaciones y, en el caso de los sacerdotes religiosos, del 1 al 3 por ciento. Estos números revelan que los casos de abuso sexual entre miembros del clero no son mayores que los que se dan en la población en general.

En el caso de los sacerdotes, el abuso sexual puede tener sus raíces en su primera infancia, en un pasado familiar de abuso sexual o en un tipo de obsesión adolescente que pudo ser provocada en parte por los programas de formación del seminario, los cuales prohibían o castigaban las amistades sanas y normales entre compañeros. Posiblemente esos sacerdotes nunca crecieron emocionalmente. Cuando llegaron a la adultez, siguieron relacionándose "de tú a tú" con los adolescentes o jóvenes menores de 20 años. A.W. Richard Sipe, quien ha escrito ampliamente sobre cómo alcanzar el verdadero celibato, explica el impacto de las experiencias de la primera infancia y la importancia de abrirlas a otros:

Las experiencias e impresiones sexuales sufridas a edad temprana tienen efectos para toda la vida. Las huellas dejadas en la memoria son la materia prima, tanto emocional como psíquica, para posteriores dificultades. Estas experiencias se recuerdan y graban mejor, en vez de ser reprimidas u olvidadas, porque tarde o temprano se verán sus efectos, efectos que se manifestarán en la vida consciente e influirán en ella sin previo aviso[5].

Desafortunadamente, los abusos sexuales no se limitan al clero. Aunque es difícil obtener números exactos, sabemos que el abuso sexual está presente en toda la sociedad. El estudio de la Conferencia de Obispos Católicos de Estados Unidos citó estadísticas disponibles que muestran que cerca del 27 por ciento de las mujeres y del 16 por ciento de los hombres dicen haber sufrido un abuso sexual, pero solo el 5 por ciento de los casos fue reportado a la policía. El 26 por ciento de los casos nunca había sido reportado a nadie antes del estudio. Los medios de comunicación prestaron mucha atención a los abusos de sacerdotes y diáconos, pero ignoraron ampliamente los abusos sexuales dentro de las familias realizados por papás, familiares y amigos de las familias.

CAPÍTULO 2
Prácticas sexuales en la cultura contemporánea

En los Estados Unidos, durante la primera mitad del siglo XX, la moral sexual era clara y coherente para la mayoría de las personas y especialmente para los católicos. Había un consenso general acerca del sexo antes del matrimonio y fuera de él; la actividad homosexual y los hijos procreados fuera del matrimonio eran algo moralmente inaceptable. Hacia la mitad de los sesenta, sin embargo, dos eventos lo cambiaron todo.

El primero fue la aparición de la píldora, esto es, de los anticonceptivos orales que hicieron posible a las mujeres evitar los embarazos fácilmente y en secreto. El segundo fue la comisión reunida por el Papa Pablo VI en 1963 para reexaminar la oposición de la Iglesia a los anticonceptivos. Lo hizo después de que la Iglesia Anglicana hubiera hecho algo semejante optando por permitir su uso.

Al final, el Papa decidió mantener la tradición de la Iglesia y no permitir el uso de la píldora o de los anticonceptivos artificiales. Sin embargo, para muchos católicos el simple hecho de que el tema se hubiera vuelto a examinar, pareció autorizarlos a dar a otros puntos de vista sobre el tema el mismo valor que a la enseñanza de la Iglesia.

Estos eventos son solo la punta de un iceberg cultural. En todo el mundo, los sesentas fueron años de un intenso y rápido cambio cultural como suele suceder de forma periódica a lo largo de la historia. Es difícil saber qué fue exactamente lo que causó la revolución sexual de los sesentas, pero no hay duda de que tuvieron algo que ver el *Informe Kinsey* sobre la sexualidad humana, la disponibilidad y efectividad de la píldora y de los antibióticos que podían tratar las enfermedades de transmisión sexual, así como la prosperidad y movilidad que siguió a la Segunda Guerra Mundial y la "liberación" de la mujer, la cual puso en crisis el modelo prevalente de la mujer como ama de casa. Cualesquiera que hayan sido las causas, los efectos de esta revolución cambiaron completamente la forma de ver la sexualidad. Nuestro conocimiento de la sexualidad humana y de las prácticas sexuales se incrementó exponencialmente y comenzamos a sentirnos más cómodos hablando sobre estos temas. ¡Muchas de las preguntas a las que voy a responder ahora, nunca habrían sido formuladas –y mucho menos respondidas– en un libro católico antes de los sesentas!

¿Es posible vivir valores morales bien definidos en una cultura saturada con imágenes de infidelidad matrimonial y sexo fuera del matrimonio?

El debate sobre si la violencia en la televisión causa un comportamiento violento ha existido por años pero, de acuerdo con la Asociación Estadounidense de Psicología (APA por sus siglas en inglés), "el debate ha terminado". En un comunicado publicado en su página de internet titulado "Efectos psicológicos de la violencia en los medios", la APA dice: "A lo largo de las últimas tres décadas, la evidencia más importante es que la exposición a la violencia de los medios de comunicación incrementa el comportamiento agresivo en los niños".

El sexo está presente en la televisión al menos en la misma cantidad que la violencia y a menudo se presenta como una actividad casual, libre de riesgos y consecuencias. La evidencia muestra que también afecta al comportamiento de los jóvenes. Dos estudios de la Rand Corporation[6] encontraron que:

- Los adolescentes que ven televisión con contenido sexual tienen una inclinación dos veces mayor a iniciar su actividad sexual al siguiente año.

- Los programas de televisión con personajes que *hablan* sobre temas sexuales afectan a los adolescentes tanto como los programas que muestran actividad sexual.

Esto significa que los papás deben tener cuidado con lo que sus niños, especialmente los preadolescentes, ven. Esto podría implicar ver los programas que sus hijos ven con *sus* ojos. Podrían preguntarse: "si yo tuviera trece años, ¿a qué conclusiones llegaría a partir del comportamiento presentado en este programa?".

En segundo lugar, los papás deben asegurarse de que sus hijos tienen la formación doctrinal y espiritual suficiente para recibir con espíritu crítico los programas de televisión que están viendo. Algunos católicos se resisten a dar a sus hijos una educación sexual explícita por temor a que ello vaya a propiciar que comiencen su actividad sexual antes. Sin embargo, a no ser que tus hijos simplemente no vean televisión, es muy probable que reciban, desde edad temprana, información detallada sobre comportamientos sexuales. Los padres deben dar por supuesto que los niños están viendo y absorbiendo información sobre el sexo y que sus conciencias probablemente no están correctamente formadas.

Una buena noticia del estudio Rand es que, aunque los niños se ven afectados por el sexo que ven en televisión, también pueden aprender algo de los programas que presentan de forma realista los riesgos del sexo casual. "Los investigadores llegaron a la conclusión de que los programas de entretenimiento que presentan los riesgos y las consecuencias de la actividad sexual pueden tener dos efectos beneficiosos: dar mensajes precisos sobre los riesgos que implica la actividad sexual y propiciar una conversación con adultos que les ayude a reforzar esos mensajes".

El estudio Rand estaba preocupado más bien por los riesgos sanitarios relacionados con la actividad sexual y ese es un punto de partida. Pero también hay importantes riesgos morales que acompañan al sexo casual. Incluso si sus hijos van a escuelas católicas, los papás siguen teniendo la responsabilidad primordial de la formación moral de sus hijos. Los programas de televisión con escenas explícitas de sexo pueden ofrecer una oportunidad perfecta a los papás para comenzar una catequesis informal sobre moral sexual. Pueden preguntar, "bien, ¿tú qué piensas de eso?". Los papás también pueden hacer una lista de valores morales (como fidelidad, veracidad al hablar, respeto e integridad) y hacer referencia a ellos cada vez que la ocasión lo permita. Esto puede ayudar a los niños a comprender que la moralidad no consiste solo en obedecer leyes, sino en encontrar formas creativas de llevar a la práctica los valores morales y ser así mejores personas gracias a las decisiones que toman.

¿Qué significa "ir demasiado lejos"?

Ante todo, dejemos claro que aquí estamos hablando de sexo antes del matrimonio. En principio, las parejas casadas pueden tomar sus propias decisiones sobre qué significa ir demasiado lejos.

Nuestra tradición moral se basa en el principio de que "el placer sexual querido directamente fuera del matrimonio" es pecado mortal. Hay dos razones por las que decimos esto. La primera es porque, como todos sabemos, "una cosa lleva a la otra". Siendo las emociones lo que son, podemos fácilmente perder el control y decir con nuestros cuerpos mucho más de lo que queremos decir. Otra forma de hablar de esto es decir que el afecto debe ser proporcionado en intensidad al nivel y profundidad de la relación. Esto significa que una vida sexual íntima e intensa se debe reservar para el matrimonio o solamente en una relación verdaderamente comprometida podemos correr el riesgo de exponernos a nosotros mismos a otra persona con toda nuestra vulnerabilidad. Como las emociones y la excitación sexual son espontáneas y a menudo no son queridas o buscadas directamente, debemos estar seguros de que al expresar nuestro afecto de esa forma, no estamos siendo arrastrados por emociones descontroladas.

El *Catecismo de la Iglesia Católica* dice que todos estamos llamados a ser castos, ¿cómo puedo ser casto, si estoy casado?

El *Catecismo* dice, de hecho, que todos los bautizados –no solo los célibes– están llamados a la castidad (ver *CIC* 2337). Describe la castidad como "la integración lograda de la sexualidad en la persona, y por ello en la unidad interior del hombre en su ser corporal y espiritual". Esto no significa lo mismo para todos. Para las personas casadas, la castidad no significa no tener relaciones sexuales; más bien, significa usar la capacidad sexual generosamente y de una forma que te haga a ti y a tu cónyuge más completos. Un matrimonio en el que hay abuso sexual, infidelidades, fantasías sexuales y/o masturbación, está en contra de la castidad.

La castidad es una virtud, una habilidad moral que se distingue por la capacidad para relacionarse con otra persona en su totalidad, sin engaños, manipulación ni egoísmo. Las personas castas viven vidas integradas de forma que su voluntad, sus deseos y su conocimiento se unen para alcanzar el bien de la persona. La castidad no acepta la fragmentación o ver al otro en compartimentos. Así es como el *Catecismo* la describe más adelante:

> La sexualidad, en la que se expresa la pertenencia del hombre al mundo corporal y biológico, se hace personal y verdaderamente humana cuando está integrada en la relación de persona a persona, en el don mutuo total y temporalmente ilimitado del hombre y de la mujer (*CIC* 2337).

Para las personas célibes, la castidad implica la renuncia a la actividad sexual, no porque sea mala o pecaminosa, sino porque han elegido dirigir sus energías sexuales a un tipo de fecundidad que no implica relaciones exclusivas, sexo genital o procreación de hijos. De cualquier forma, celibato y castidad no van juntos necesariamente. Un hombre que ha sido perfectamente célibe toda su vida, podría sin embargo no tener la virtud de la castidad si vive continuamente en conflictos, lleno de tentaciones y resentido por no haber podido tener experiencias sexuales. Al ser una virtud, la castidad debe distinguirse no solo por la pureza de mente y cuerpo, sino también de corazón, aceptada gozosamente.

Nadie alcanza completamente la virtud de la castidad con sus propias fuerzas. En gran medida, la castidad depende de la calidad de nuestras amistades. El profesor y escritor Paul J. Wadell dijo en una ocasión que las amistades son "escuelas de la virtud". Da una serie de razones por las que las amistades son esenciales para la vida moral:

> En primer lugar, las buenas amistades forman importantes virtudes y cualidades del carácter como la preocupación por los demás, la generosidad, la paciencia, la consideración, la amabilidad, la empatía y el perdón. Es a través de buenas y perdurables amistades que crecemos moralmente, desarrollamos nuestro temperamento y adquirimos virtudes esenciales (...) En segundo lugar, las amistades (...) nos hacen salir de nosotros mismos y nos enseñan a preocuparnos por los demás sin esperar recompensa. Una actividad fundamental de toda amistad es buscar el bien del amigo (...) Las amistades nos llaman a salir de nosotros mismos y hacen que miremos más allá de los estrechos horizontes de la preocupación por nosotros mismos y por nuestros intereses (...) toda amistad auténtica trabaja en contra de esas preocupaciones al invitarnos a invertir en el bien del otro y a permanecer atentos a sus necesidades, incluso si ello implica sacrificio[7].

Esto es particularmente cierto en el caso de la castidad. Tanto si se es célibe como si se es casado, la virtud de la castidad se alimenta con amistades honestas, recíprocas y que nos ayudan a ser mejores. En el matrimonio está "virtud de la amistad" se vivirá generalmente con el cónyuge; pero incluso los célibes necesitan amistades cercanas que les ayuden a sacar lo mejor de sí mismos, a ser coherentes con sus compromisos y a sentirse completos.

¿La sexualidad es una expresión del amor o una herramienta para la procreación?

En una palabra, ambas. Hubo un tiempo en que la Iglesia hablaba de la "primacía de la intención procreadora", queriendo decir con ello que todo acto sexual debía tener primariamente un propósito procreativo. En años recientes, sin embargo, se le ha dado la misma importancia a la procreación que al amor mutuo. Los actos sexuales deben estar abiertos a la procreación y deben ser también expresiones auténticas de un amor comprometido entre dos personas. No es del todo correcto decir que la procreación es solo una herramienta, pues ello implica que se trata solo de un medio para alcanzar un fin como un mecánico usaría diversas herramientas para arreglar un coche. En el matrimonio, el acto sexual no es solo un medio para alcanzar un fin; es ambas cosas, el amor mismo y la posibilidad de una nueva vida. Es algo bello y valioso en sí mismo *y* es una oportunidad para la procreación.

Una forma de describir la sexualidad en el matrimonio es decir que el sexo es un lenguaje, una íntima comunicación de uno mismo a otra persona. Adquirimos nuestro lenguaje sexual gradualmente, desde que éramos niños, de la misma forma que adquirimos el lenguaje oral y escrito. Al inicio nuestro vocabulario es limitado y nuestros intentos de hablar están llenos de errores y de frases incompletas. A medida que maduramos, aprendemos a hablar con frases gramaticalmente correctas e incluso elegantes.

Con el sexo, comenzamos con un pequeño vocabulario sexual y gradualmente aprendemos a hablar de forma más completa y efectiva.

Al igual que con cualquier lengua, el sexo se puede usar para decir muchas cosas. Se puede usar para manipular, para engañar o para vengarse. Se puede usar también para hablar de amor, de interés por el otro y de confianza. Como el lenguaje sexual se desarrolla gradualmente, este también puede distorsionarse o atrofiarse. Algunos eventos traumáticos de la infancia pueden llevar a una sexualidad insana o patológica. Por eso algunos adultos que sufrieron abusos sexuales cuando eran niños pueden tener dificultad para establecer relaciones estables y placenteras en el matrimonio. También explica por qué los niños que fueron castigados o fueron víctimas de violencia por haber tenido pensamientos sexuales o por haber jugado sexualmente con otros niños, pueden desarrollar prácticas sexuales desviadas en la adultez. Los expertos dicen que la violencia de un abuso influye en su desarrollo sexual y se enraíza en su personalidad. Esto también explica por qué a menudo el abuso sexual pasa de una generación a otra. En parte, se trata de un comportamiento aprendido en la niñez en un momento en que la propia sexualidad todavía es maleable y está abierta a influencias externas. Por esta razón, la educación sexual de los niños debe hacerse en un ambiente de confianza, honestidad, franqueza y comprensión.

¿Todavía es pecado la masturbación?

Aunque Woody Allen dijo en una ocasión que la masturbación es "tener sexo con alguien a quien yo amo", debería ser claro a partir de todo lo que ya hemos dicho que el sexo es esencialmente una actividad social; estructuralmente está dirigido a una persona con la que hemos hecho un compromiso en el matrimonio.

La actividad sexual solitaria no puede ser creativa y carece de la reciprocidad querida por Dios. No tiene valor como un gesto de amor nacido del compromiso. Del mismo modo, las fantasías sexuales que acompañan la actividad sexual solitaria están basadas en una persona a la que se ha convertido en objeto, haciendo de la idea de una persona un mero instrumento para la propia satisfacción. Aunque algunos podrían argumentar que estas personas de hecho son solo fantasías y no personas reales, en algunos casos existe una relación entre la masturbación habitual y compulsiva, y la falta de capacidad para establecer relaciones normales con otros.

Por tanto, sí, la masturbación todavía es un pecado porque se queda corta en cuanto a los bienes que podríamos alcanzar a través de nuestra sexualidad. Sin embargo, es importante subrayar que no todos los hábitos de "sexo solitario" tienen la misma gravedad. El recurso a la masturbación para evitar las relaciones maritales o para castigar al cónyuge es probablemente el caso más serio; la exploración sexual realizada por un adolescente cuando se encuentra en su transición a la adultez, puede ser un acto no completamente libre y consciente, y por tanto, se juzga con menor dureza.

Si tenemos sexo oral, ¿podemos considerarnos todavía vírgenes?

Hay muchos foros en internet acerca de la moralidad del sexo oral. Me parece que hoy en día existe un sofisma según el cual está permitida la gratificación sexual siempre y cuando no involucre los genitales de ambos (encontré una página de internet que preguntaba, "¿es el sexo oral el nuevo beso de la noche?"). En algunos casos, me temo que el sexo oral es una especie de primer grado para llegar a una relación comprometida, para mantener a la pareja interesada sin llegar a un compromiso. Se usa para indicar una seria atracción, pero sin una verdadera entrega de uno mismo. El sexo oral fuera del matrimonio es un tipo de actividad sexual fragmentada e inhumana. Te lleva a entregar un órgano del cuerpo, pero no te entregas a ti mismo o a ti misma.

Si practicas sexo oral, puedes ser virgen estrictamente hablando, pero ya no se es virgen en un sentido moral estricto. La intimidad sexual que conduce al orgasmo una relación sexual, sin importar cómo la llames.

En nuestra sociedad, ¿es todavía deseable la virginidad?

El punto más importante de la virginidad es la integridad. La "santidad" es en muchos sentidos equivalente a "realización" y ser una persona realizada, completa, es la verdadera meta de la vida moral. Esto significa que debo luchar por esa realización tanto como pueda. Si tengo relaciones sexuales, al menos desde el punto de vista físico, estoy ofreciendo todo mi ser a otra persona. La integridad exige que el resto de mi persona –mi corazón, mi alma, mis emociones– acompañen a mi cuerpo. Cuando hago otra cosa, cuando tengo relaciones sexuales con alguien a quien no amo realmente, entonces en esencia estoy sacrificando mi integridad a una gratificación inmediata.

Si escojo hacer esto, pago un alto precio: cada vez fragmento más a mi persona o tengo que proteger partes de mí mismo que no quiero compartir, fragmentándolas y dando una parte de mí a esta persona, otra parte a aquella y así sucesivamente. Es fácil entender cómo esto puede llevar a crear a una "persona desintegrada". Por tanto, si bien la virginidad física puede no ser un gran problema *en sí misma*, es un símbolo fuerte de que soy una persona íntegra y completa. Mantengo mi persona "intacta", de forma que me puedo entregar *completo* o *completa* a la persona que amo realmente.

Posiblemente esto no lo pensó la persona que escribió esta pregunta, pero la virginidad puede ser también una vocación. Hay personas, tanto hombres como mujeres, que han tomado una decisión muy consciente de prescindir del sexo de forma permanente para poder ofrecerse a sí mismas de la forma más completa posible a Dios. Algunas mujeres escogen la virginidad consagrada y viven en conventos con otras que han tomado la misma decisión. Hacen su voto de virginidad en público, en un rito especial semejante al rito de la ordenación sacerdotal. Otros u otras viven en el mundo como solteros, como adultos célibes. Lo hacen como un acto personal de fe, a ejemplo de Cristo, para dar testimonio ante el mundo de que nuestro único verdadero destino es la vida eterna y como signo de integridad de vida. Las personas que hacen esta elección valiente nos recuerdan que incluso en una cultura saturada de sexo, puede encontrarse la realización plena en la abstinencia sexual.

¿El fenómeno del *hooking up* es una forma de reemplazar el noviazgo?

Hasta hace poco, no conocía el fenómeno del *hooking up*. Para mi fortuna, Charles Blow, columnista del *New York Times*, me lo explicó claramente. Como un servicio para aquellos de nosotros que somos mayores de 30 años, transcribo aquí su definición: "*Hooking up* es un encuentro sexual casual sin ninguna expectativa de compromiso emocional futuro. Es estar con alguien a quien tú conoces por una noche". Antes de escribir el artículo sobre el tema, el Sr. Blow llamó a Kathleen Bogle, autora del libro "*Hooking up: sexo, noviazgo y relaciones en la universidad*". Se dio cuenta de que para algunos jóvenes hoy en día, todo parecía ser exactamente al contrario de lo que él recordaba: "En el modelo antiguo, salías algunas veces con alguien y si de verdad te gustaba la persona, entonces considerabas la posibilidad de tener relaciones sexuales. En el nuevo modelo, sales con alguien y tienes relaciones y si de verdad te gusta la persona, entonces piensas en algo más serio"[8].

El estudio de Bogle se concentra en lo que sucede actualmente en los campus universitarios. No está interesada en hacer juicios morales. Otros, incluyendo a Laurie Frendrich, no creen que sea importante hacer o no hacer juicios morales sobre este fenómeno: "No tiene caso discutir sobre la moralidad de este fenómeno", dice. "Una vez que la moral sexual ha experimentado cambios tan grandes como el fenómeno del *hooking up*, indignarse resulta superfluo. Además, en cierto sentido, la desaparición de la costumbre de salir con alguien con miras al noviazgo (y su predecesor cortejar) es algo bueno. En una era post-romántica, donde las emociones fuertes son casi siempre motivo de burla, el cortejo romántico de cualquier tipo es casi anacrónico"[9].

Podríamos pensar que las cosas en las universidades católicas están mejor, pero hay evidencia de que no es así. Vigen Guroian, profesor universitario de Teología, comentó recientemente que el dormitorio de la universidad católica a la que va su hija es poco menos que un burdel. Las universidades ya no asumen un papel en el que sustituyen razonablemente a los papás, prefieren más bien "estar atentos", mientras la vida e integridad moral de los alumnos se arruina completamente. Guroian escribe sobre una universidad católica: "(la universidad) no estimula el crecimiento hacia una plenitud, sino más bien la disolución de la personalidad; no estimula la integración armónica de lo que se aprende y vive cada día, sino su fragmentación radical. Ciertamente no promueve los valores de la Iglesia sobre el matrimonio y la familia"[10].

El fenómeno del *hooking up* constituye un serio reto para la moral sexual católica. Es la antítesis de una ética basada en el compromiso y la estabilidad. Se basa en la premisa de que lo físico se puede separar de lo psicológico, de lo emocional y de lo espiritual. Su presencia casi generalizada nos sugiere un dramático cambio en nuestra concepción del sexo y de la persona humana. A pesar de todo, no me desanimo. La revolución sexual se ha venido desarrollando desde antes de que yo estuviera en la universidad, pero nuestra moral no es un conjunto arbitrario de reglas. Se basa en valores como la integridad, la realización personal y la convicción de que la unidad del cuerpo y del alma es algo real y tangible. Confío en que con la debida ayuda, los jóvenes puedan experimentar estos valores –o al menos su ausencia– y hacer los cambios pertinentes en sus creencias y comportamiento.

¿Está siempre mal usar pornografía, incluso si estás casado?

La pornografía tiene dos problemas. El primero es que convierte a la gente en objeto. El segundo es que convierte a la gente en objetos. Lo digo así para hacer más claro, pero también lo digo porque la pornografía convierte a las personas en objetos al menos de dos formas.

En primer lugar, independientemente de cómo y dónde se use, la pornografía es por su misma naturaleza convertir a una persona en un medio para alcanzar un fin: esta fotografía o película es un instrumento para mi propia satisfacción. El daño es menor, supongo, cuando la persona acepta conscientemente ser fotografiada, pero, en cuanto a empleo, parece tener todavía muy poco potencial para promover la dignidad de esa persona. Cuando compro o veo pornografía, estoy colaborando con el proceso de deshumanización que llevó a su producción. En su libro *Negarse a ser hombre: ensayos sobre sexo y justicia*, John Stoltenberg explica cómo el uso de la pornografía nos hace cómplices de ese proceso que convierte a las personas en objetos:

> Cada consumidor, cada comprador de materiales que reproducen el momento en que una persona se convierte en objeto sexual es cómplice de ese comercio, un eslabón de la cadena que lleva a las ganancias y en consecuencia tiene alguna responsabilidad, ciertamente compartida con otros, por el acto sexual que hizo, de un ser humano, un objeto y que tuvo lugar frente a una cámara... Él no hizo el acto, pero en el momento en que compra un material relacionado con dicho acto, este se convierte en hecho *para* Él, es alguien cuya intención –junto con la de muchos otros– se expresó de forma colectiva y se llevó a realización en el acto original y particular[11].

En segundo lugar, usar pornografía dentro del matrimonio agrava el problema porque siempre existe el riesgo de que, al usar pornografía para mejorar el acto conyugal, la pornografía se convierta más en un fin que en un medio. Puede llegar a sustituir a la persona con que me casé. ¿Es de verdad el primer objeto del amor la persona con la que me casé o más bien estoy haciendo el amor con mi fantasía, con la modesta ayuda de mi cónyuge? También puede suceder que la pornografía sea importante para uno e irrelevante o incluso repulsiva para el otro. Los matrimonios que usan pornografía regularmente deben tener una conversación seria y franca sobre el lugar que esta ocupa dentro de su relación.

El acto de convertir a las personas en objetos que caracteriza a la pornografía parece ser un problema más grande para los hombres que para las mujeres. De hecho, John Stoltenberg sostiene que esta forma de ver el acto sexual "es considerada la norma de la sexualidad masculina (…) y como una forma 'natural' y 'sana' de ver a otras personas". Hace algunas preguntas incómodas sobre esta experiencia masculina:

> ¿Qué podemos pensar de que las experiencias eróticas más comunes de un hombre, más repetidas, más seguras y posiblemente más intensamente "personales" sean aquellas que suceden en relación con cosas, con cuerpos percibidos y considerados como objetos, con imágenes que representan cuerpos como objetos, con recuerdos de imágenes de cuerpos considerados meros objetos? ¿Qué podemos pensar de que él responda sexualmente a cuerpos que parecen cosas y a meras imágenes de cuerpos de una forma más o menos constante, sin importar si otro ser humano está o no con él?[12].

El análisis de Stoltenberg deja claro por qué la pornografía (y el sexo solitario que a menudo la acompaña) es tanto una injusticia como una violación de nuestra propia dignidad humana.

¿Está mal llamar a los números 800 sobre sexo o entrar a sitios de internet que promueven las fantasías sexuales?

Los números "800" y los sitios de internet con contenido sexual son simplemente versiones técnicamente más refinadas de la pornografía antigua. Al igual que la pornografía visual, degrada tanto a aquellos que la venden como a aquellos que la consumen. Toda la pornografía –incluyendo la telefónica– tiene como finalidad maximizar la gratificación y minimizar la relación personal. Por esta razón, quienes hacen pornografía a menudo ocultan su identidad. La pornografía debe conservar cierta distancia entre las personas reales. Esto contradice completamente el sentido de la sexualidad para el Cristianismo, pues ella nos fue dada por Dios para crear unidad entre dos personas.

Es también importante notar la naturaleza altamente adictiva de ciertos tipos de pornografía. El uso de pornografía ocasional y experimental por parte de adolescentes puede ser algo de poca importancia, incluso hasta algo normal como parte de su desarrollo. En el caso de los adultos, en cambio, incluso el recurso ocasional a la pornografía puede ser síntoma de problemas matrimoniales. El uso repetido y habitual de pornografía –impresa, telefónica o en la pantalla– puede ser síntoma de serios problemas psicológicos que necesitan atención profesional.

¿Qué piensa la Iglesia sobre las ayudas para el sexo?

Hay ayudas para el sexo en el matrimonio, como ciertos tipos de ropa que sirven para que las personas se vean atractivas y deseables. Esta es la forma en que *Victoria's Secret* gana su dinero: haciendo que las mujeres se vean bellas y atractivas sexualmente de manera digna y elegante. No hay nada de malo en ello. Todos queremos vernos lo mejor posible. Incluso aquellos que por lo general no se preocupan mucho de cómo se ven o de qué se ponen, se esfuerzan por verse lo mejor posible cuando salen con alguien. Lo mismo es verdad para los cónyuges que quieren dar lo mejor de sí mismos en el acto conyugal. Obviamente, Dios pensó en el acto sexual como algo placentero y no hay nada de malo en "preparar el escenario" para que el placer y disfrute de la experiencia más íntima del ser humano sea todo lo bella que puede ser.

Otros tipos de ayudas para el acto conyugal —cosas que se usan durante los preliminares o durante el mismo acto— tienen riesgos. Pueden convertirse en obstáculos o incluso reemplazar el afecto y reciprocidad que son esenciales en el amor sexual. Dado que las cosas que conducen a la excitación sexual varían mucho de una persona a otra, un objeto o aparato que es excitante para uno, puede ser repulsivo para el otro. Ciertos objetos o prácticas pueden producir dolor, lesiones o incluso enfermedades, y su uso puede llevar a la violencia o a abusos. Claramente todo ello está en contra de la forma en que entendemos el acto conyugal como sagrado y sacramental.

A los esposos les toma tiempo aprender el lenguaje sexual del otro. Uno puede preferir cierto tipo de caricias y tocamientos, el otro puede disfrutar más las palabras o el lenguaje; pero la experiencia sexual debe centrarse siempre en la afirmación, la sensibilidad y el amor mutuo. Si no encuentras el acto conyugal interesante a no ser que incluya vendar los ojos, un silbato y cera caliente, probablemente necesitas ver a un psicólogo y a un sacerdote, en ese orden.

Como regla general, una práctica sexual es más sospechosa, mientras más excluya la reciprocidad.

¿Está mal utilizar Viagra u otros productos que favorezcan el desempeño sexual?

No necesariamente. Como nos dicen los anuncios de televisión incesantemente, la disfunción eréctil o impotencia masculina es un problema médico real que puede ser consecuencia de problemas vasculares, diabetes o alguna enfermedad neurológica. Es importante tratarla de la misma forma que trataríamos cualquier otra enfermedad que impida el disfrute normal de la vida. Si la medicina no tiene ningún efecto secundario riesgoso, es perfectamente lícito usarla.

Existe el peligro de que surja una obsesión con este problema, que se pierda la perspectiva y que se gasten sumas considerables de dinero, así como tiempo y energías tratando de alcanzar la experiencia sexual perfecta. Una mujer me dijo en una ocasión que a ella le hubiera gustado que nunca hubieran inventado el Viagra. "Mi esposo ahora está todo el tiempo obsesionado con su desempeño sexual", decía. "¿Acaso no sabe que lo quiero tal como es?".

Todos los hombres van perdiendo capacidad sexual con la edad. Ciertamente en algunos momentos será aconsejable tratar de evitar ese debilitamiento con medicinas, pero es importante recordar que hay muchas formas de expresar el amor dentro del matrimonio. Sobre todo, recuerda que el amor en el matrimonio tiene que ver con las personas, no con su desempeño sexual.

¿Está mal tener fantasías sexuales? A veces me parece que no puedo controlarlas.

Las fantasías sexuales, como muchas otras cosas que flotan en nuestra mente, a menudo no son queridas ni deseadas. San Agustín luchó contra los pensamientos impuros y san Pablo dijo que a menudo no lograba hacer lo que quería, sino que ¡hacía exactamente lo que no quería!

A menudo asociamos los malos pensamientos con el sexo, pero también podemos tener pensamientos igualmente pecaminosos sobre otras cosas. Piensa, por ejemplo, en la falta de control que lleva a la ira al volante o en los prejuicios que llevan al racismo, o en la envidia y los celos que nos llevan a pensar en cosas poco caritativas (o incluso a hacer cosas poco caritativas). Seguramente, desear herir a otro o tener fantasías sobre cómo otros podrían sufrir cosas malas no es peor que entretenerse con un pensamiento impuro. En algunas fantasías caemos en la tentación de herir, vengarnos u ofender a alguien. En nuestras fantasías sexuales, tenemos la tentación de apoderarnos de alguien y usarlo como instrumento para nuestra propia satisfacción.

Desde un punto de vista moral, sin embargo, el problema no es simplemente *tener* esos pensamientos, dado que a menudo surgen de forma involuntaria, incluso antes de que nosotros seamos conscientes de ello. El verdadero problema está en *lo que hacemos* con ellos una vez que se presentan. ¿Los dejamos pasar y pensamos en otra cosa o nos complacemos en ellos y nos entretenemos por un rato? Hay una gran diferencia, desde el punto de vista moral, entre pensamientos no buscados que algunas veces se apoderan de nosotros, y entretenernos con ellos para permitir a la pasión encenderse, cuando la pasión es impura, injusta o contraria a la caridad.

En una ocasión le pregunté a un sabio director de retiros qué había que hacer con los malos pensamientos no buscados. Me dijo que su regla era "ni siquiera hacerse esa pregunta". Tan pronto como nos damos cuenta de que tenemos pensamientos contra la caridad o impuros, debemos pensar en otra cosa y no darles espacio.

Un amigo pertenece a un grupo de adictos al sexo, ¿cómo puede una persona volverse adicta al sexo?

Ya hemos hablado de cómo santo Tomás de Aquino y otros teólogos de los primeros siglos del Cristianismo eran muy conscientes del poder que tiene el placer en el hombre, tanto el placer del gusto (comida y bebida) como el del tacto (sexo). El deseo de estos placeres parece estar enraizado en nosotros más profundamente que el deseo de otras cosas, al igual que sus respectivos pecados capitales (lujuria, gula y embriaguez).

En los últimos años hemos aprendido mucho sobre las adicciones químicas. Sabemos que la adicción al alcohol o a las drogas no es un comportamiento del todo libre; la dependencia de una sustancia puede ser el resultado de una predisposición genética y nunca puede controlarse. Esta es la razón por la que Bill W., fundador de Alcohólicos Anónimos, dijo a sus compañeros alcohólicos que el primer paso para su recuperación era admitir su debilidad. Dijo que, aunque las adicciones nunca se curan, la disciplina y el apoyo de otras personas pueden conducir a un estado de progresiva recuperación. Su programa de los Doce pasos tiene mucho éxito y es muy parecido al proceso por el que todos llegamos a adquirir las virtudes en nuestras vidas.

Los psiquiatras se dieron cuenta de que hay cierto comportamiento sexual que tiene características muy parecidas a las del abuso de sustancias. Por razones que aún no se entienden por completo, algunas personas se vuelven adictas a una compulsiva actividad sexual. El investigador John Money dice que esto sucede cuando un objeto o actividad viola el "mapa del amor" de alguien en un periodo crítico del desarrollo sexual y queda impreso allí, como una huella en concreto fresco. Los deseos resultantes son permanentes y activos. Estos comportamientos adictivos incluyen pornografía, sexo anónimo, infidelidad matrimonial, pedofilia, voyerismo, frotismo (frotamientos con extraños en lugares públicos) o exhibicionismo. Las consecuencias —sentimientos de culpa y remordimiento, pérdida de empleo, matrimonios arruinados, arresto y enfermedades— son casi tan destructivas como las del alcoholismo o las de la adicción a la droga. Se ha desarrollado una serie de programas de Doce pasos para ayudar a las personas que sufren este tipo de comportamiento compulsivo, de forma que recuperen el control de sus vidas y, como sucede con los que abusan de sustancias, se mantengan sobrios.

¿La violación es un problema sexual o de ira?

Al igual que cualquier acto humano, la violación puede deberse a diferentes motivos. Algunas veces tiene que ver con el sexo, especialmente en las así llamadas "citas-violación". A menudo estas comienzan como encuentros ordinarios que se tornan violentos, algunas veces a causa de señales malinterpretadas, muchas veces debido a las drogas o el alcohol. Los hombres que cometen este tipo de violaciones simplemente pierden el control y permiten a su lujuria apoderarse de ellos.

En otros casos, la violación tiene muy poco o nada que ver con el placer sexual. Especialmente cuando se trata de crímenes en serie, la violación es por lo general el resultado de una perversión sexual que hace al hombre encontrar un placer en el sufrimiento o humillación de la mujer.

Algunas veces los psicólogos pueden encontrar la causa de esta violencia en incidentes traumáticos de la niñez en que alguna mujer está implicada; otras veces no. Por otro lado, una violación impulsada por la ira también puede suceder en el matrimonio y a menudo no se reporta. Los hombres que tienen problemas para controlar su ira –especialmente si esta es alimentada aún más por sus propios fracasos, por el desempleo o el uso de sustancias–, a menudo descargan su propia frustración en las personas a quienes aman. A diferencia del psicópata criminal, este tipo de violencia sexual puede tratarse algunas veces psicológicamente.

En ocasiones la violación es el resultado de actitudes profundamente enraizadas en la cultura. En diciembre de 2012, la violación de una jovencita por parte de un grupo de hombres en la India, la cual causó la muerte a la víctima, hizo a muchos plantearse dolorosas preguntas sobre qué actitudes hacia la mujer fomenta la sociedad. Una encuesta realizada por el *Wall Street Journal* en enero de 2013, mostró que los hombres de la India piensan que la presencia tan extendida de la violación en su país se debe a las actitudes que se tienen hacia las mujeres, a la influencia de Occidente y a los vacíos legales; sin embargo todavía hay muchas preguntas sin responder acerca de la relación entre actitudes sociales y violación.

CAPÍTULO 3
Preguntas sobre el matrimonio, la familia y el divorcio

La película *La guerra de los Rose*, protagonizada por Kathleen Turner y Michael Douglas, retrata la oscura y trágica disolución de lo que empezó como un próspero y aparentemente feliz matrimonio. La película, extrema incluso para los estándares de Hollywood, muestra a unos esposos egoístas y obstinados que tratan de terminar su matrimonio y destruirse el uno al otro en el proceso. Es literalmente una lucha a muerte. Como dijo un crítico, "A veces sucede que ves una película y te quieres volver a casar. Esta no es de ese tipo".

No todos los divorcios son tan violentos y llenos de conflictos como el que presenta esta película, pero todo divorcio es doloroso y deja profundas heridas. Cuando los niños están involucrados, el potencial para hacer daño es todavía mayor. Sin embargo, las actitudes sociales hacia el divorcio han cambiado muchísimo en un periodo de tiempo muy corto. Actualmente, al menos el 40% de los matrimonios termina en divorcio. Aunque el número de divorcios es un poco más bajo entre los católicos, este sigue siendo significativo y mucho más alto de lo que era en el pasado. Estos cambios no se deben simplemente a un cambio de sensibilidad moral. En cierto sentido, la gente se divorcia más actualmente, simplemente porque ahora es más fácil hacerlo. A lo largo de la mayor parte de la historia humana, el matrimonio proveía estabilidad económica y social, las cuales son esenciales para la vida. La gente a menudo vivía en sus pequeñas comunidades durante toda su vida, por lo que los vínculos familiares y sociales eran más estrechos. Las mujeres rara vez trabajaban fuera del hogar, por tanto, solo las más ricas tenían recursos que les permitían dejar a sus maridos. Además, la expectativa de vida era más corta de lo que es actualmente, por lo que el fin del matrimonio estaba más enfocado a la procreación que ahora. En la actualidad muchos matrimonios fracasan porque los esposos ya no se aman, se aburren o crecen y se desarrollan de una forma que hace que la persona con la que se casaron ya no les resulte interesante. Si no hubiera seguridad económica fuera del matrimonio, los esposos tendrían entonces que esforzarse más para hacer que funcione.

Los cambios en la familia no son menos significativos. Hace tiempo "familia" significaba un esposo, una esposa, niños y quizás uno o más abuelos. Actualmente las familias pueden constar de un papá, dos papás no casados, un abuelo o una pareja del mismo sexo. En segundos o terceros matrimonios, la "familia" puede implicar a los hijos de los matrimonios anteriores o a los hijos que fueron repartidos insensiblemente entre los papás que viven separados. Con excepción de los niños más maduros, todos los niños se preguntan a sí mismos si de alguna forma la separación de sus papás fue su culpa y pueden llevar consigo esa duda –y el resentimiento hacia sus papás divorciados– hasta la adultez.

Está claro que no hay familias perfectas. Todas las familias son humanas y están hechas de personas falibles que pueden sufrir todo tipo de presiones externas. Las preocupaciones económicas o del trabajo pueden ejercer cierta presión en la vida familiar. Cuando estas presiones se mezclan con enfermedades serias, la muerte de un hijo o el desempleo, las grietas en la vida familiar pueden convertirse de improviso en profundos desfiladeros.

Por último, la misma noción de matrimonio ha sido redefinida. Las mayores expectativas de vida, la seguridad económica y la movilidad han permitido a la gente ver el matrimonio como una experiencia repetible, más que como un compromiso de por vida. Aunque la mayor parte de las personas llegan al matrimonio con una intensión de permanencia, las facilidades para el divorcio y la aprobación social de este hacen demasiado fácil rendirse.

Desde que Massachusetts legalizó el matrimonio gay en 2004 y la Suprema Corte de Iowa dictaminó que era inconstitucional negar a dos personas del mismo sexo el derecho al matrimonio en 2009, nueve estados, más el Distrito de Columbia, han legalizado el matrimonio gay y otros diez estados reconocen cierto tipo de unión entre personas del mismo sexo. En 2013, la Suprema Corte de los Estados Unidos permitió a California retomar el tema del matrimonio entre personas del mismo sexo y también declaró que los beneficios federales no podían negarse a los matrimonios del mismo sexo.

Estos cambios legales sucedieron a pesar de la vigorosa oposición de grupos religiosos, incluyendo a la Iglesia Católica. El Card. Francis George dijo en una declaración, a inicios de 2013, que el matrimonio no es solo una cuestión religiosa. "Lo recibimos de la naturaleza y de la Iglesia, y el Estado no lo pueden cambiar", dijo. Añadió que el matrimonio gay pone en riesgo la relación natural entre los padres y los hijos, y que su legalización, como la legalización del aborto, hará que deje de ser algo inmoral para convertirse en algo debido a la libertad humana[13].

A pesar de estas convincentes objeciones, lo más probable es que la tendencia a aceptar el matrimonio gay continúe. Las últimas consecuencias de la legalización del matrimonio gay aún están por verse, pero todo parece indicar que nos encontramos en un punto crucial sobre la forma en que entendemos el matrimonio en general. La Iglesia no puede cambiar las leyes civiles de forma unilateral, pero puede mejorar la educación religiosa (tanto para niños como para adultos), de forma que promovamos una comprensión más profunda de lo que debe ser el matrimonio. La esperanza es que los matrimonios heterosexuales pueden valorar más su propio matrimonio, al saber que otros están peleando con tanto denuedo por alcanzar el mismo privilegio.

¿Por qué no podemos tener relaciones antes de que estemos casados? Nos queremos y ya estamos comprometidos. ¿Lo hace la Iglesia para controlarnos?

Ya hemos hablado del sexo como de un lenguaje o de una comunicación de uno mismo. Como otros tipos de comunicación, el lenguaje sexual debe ser honesto y debe estar marcado por la integridad. Es un tipo de lenguaje privilegiado y sus palabras se dicen solo en lugares privilegiados. Un actor no se para en medio de una terminal de autobuses y comienza a gritar sus líneas para que todos lo escuchen. Las dice solo en el escenario de un teatro. Del mismo modo, el veredicto del juez no se dice en voz baja en un rincón oscuro, sino claramente en un lugar formal conocido como corte. Los grandes negocios no se cierran en un estadio de fútbol americano durante el último cuarto, sino en una reunión de negocios que se distingue por el respeto y la confianza.

Del mismo modo, cuando alguien participa en una relación sexual, debe hacerlo solo en determinados momentos y en ciertos lugares protegidos, de forma que la dignidad y la confianza permitan que se digan esas "palabras".

Es posible, por supuesto, que la intimidad, la confianza y el compromiso necesarios para respaldar estas palabras estén presentes desde antes del matrimonio. Pero el matrimonio es un hecho social y debe ser reconocido públicamente. La insistencia de la Iglesia en que solo se tengan relaciones sexuales dentro del matrimonio se basa en su convicción de que el sexo no es solo una realidad privada y personal. Es también una realidad pública que tiene consecuencias para otros y no solo para las personas que están enamoradas. Cuando celebro matrimonios, a menudo hablo de que la pareja casada se está convirtiendo en una "casa para otros". Se están casando porque se aman el uno al otro y quieren compartir sus vidas, pero la gente que está en las bancas de la iglesia –los testigos–, también tienen algo que ver en este matrimonio. Es un compromiso público. Incluso su vida sexual como pareja casada tendrá un significado público cuando conciban y eduquen a sus hijos.

Dentro de poco vamos a comenzar la preparación para el matrimonio. Si le decimos al sacerdote que estamos viviendo juntos, ¿se negará a casarnos?

No necesariamente. Las parejas que vienen a la preparación matrimonial proceden de muy diversos contextos. Algunos se han casado y se han divorciado; otros estuvieron casados pero su cónyuge murió. Otros son ya mayores y nunca se han casado; también, otros son jóvenes y están experimentando el verdadero amor y el deseo de casarse por primera vez. Por tanto, los sacerdotes y quienes participan en la preparación matrimonial están acostumbrados a todo tipo de situaciones. Vivir juntos es solo una más.

Dado que se trata de un compromiso muy importante, la preparación debe estar marcada por la honestidad. Si ustedes están o han estado viviendo juntos, eso habría que incluirlo en una conversación franca entre ustedes y el párroco o el ministro que está dirigiendo la preparación para el matrimonio. Probablemente les pregunte cuál fue la principal razón que los llevó a vivir juntos: ¿les pareció conveniente?, ¿no tenían otras opciones?, ¿problemas financieros?, ¿lo decidieron conscientemente? A veces las parejas simplemente terminan viviendo juntas. Cuando se les pide que reflexionen sobre ello, se dan cuenta de que nunca tomaron una decisión explícita de hacerlo. Es posible que les pregunten qué significa "juntos" para ustedes y en qué sentido vivir juntos es distinto de estar casados. Posiblemente les pidan que vivan separados por un tiempo de forma que demuestren que entienden cómo la vida cambia una vez que estén realmente casados.

Si, por razones económicas, una pareja quiere comprar en común una casa antes de estar casados, ¿pueden vivir ya juntos?

En un pasado no muy lejano, habría sido muy raro encontrar a una mujer y a un hombre que no estuvieran casados viviendo juntos. Hoy en día, sin embargo, es bastante común. Algunas veces este tipo de arreglos responden a razones económicas: el dueño de una casa o alguien que está rentando se da cuenta de que simplemente no le alcanza el dinero para vivir solo o sola, y entonces busca un compañero. Otras veces, es resultado de una amistad. En muchos sentidos es algo positivo, porque demuestra que hemos aprendido a tener amistades cercanas que no implican relaciones sexuales.

Por tanto, en principio, una pareja puede comprar una casa y vivir junta antes del matrimonio como parte de una estrategia económica. No hay nada de inmoral en vivir en la misma casa. Sin embargo, cuando adquirir un bien raíz en común es algo más que un negocio e implica un eventual matrimonio, hay algunos peligros. Ante todo, es importante que la pareja sea consciente de lo que está haciendo. Comprar una casa es un enorme compromiso. Deben recordar que comprar la casa es un compromiso y que el matrimonio es otro distinto, y que ambos no son intercambiables. Podría ser muy fácil para uno de los esposos insistir en comprar la casa por razones económicas, cuando en el fondo lo que busca es un compromiso matrimonial adelantado.

Comprar una casa juntos podría ser una presión para casarse y dificulta cambiar la decisión si alguno de ellos así quiere hacerlo. Ese tipo de acuerdos se presta fácilmente a malentendidos, conflictos y fricciones. A no ser que quede muy claro que poseer la casa en común es –hasta el matrimonio– solo un trato de negocios (y los contratos legales están hechos para proteger claramente a ambas partes), no es algo recomendable.

Mi esposo quiere tener relaciones cada tercer día. Tenemos tres niños pequeños y yo simplemente me siento muy cansada. ¿Está mal que me niegue?

No es la primera en hacer esta pregunta. Cuando san Pablo estaba predicando a los corintios, al parecer alguien preguntó lo mismo. Pablo dice: "que el marido cumpla su deber con la mujer; de igual modo la mujer con su marido (…) No se nieguen el uno al otro sino de mutuo acuerdo, por cierto tiempo, para darse a la oración; luego, vuelvan a estar juntos, para que Satanás no los tiente" (1 Corintios 7:3 y 5).

El consejo de Pablo se conoce como "pagar la deuda matrimonial" y encontramos un consejo similar en textos judíos. Este consejo se basaba en dos cosas. Ante todo, las relaciones sexuales son el signo tangible de que dos personas se convierten en una carne. El matrimonio no es solo una realidad espiritual, sino también física. Las parejas lo demuestran; hacen de su matrimonio una realidad sacramental al permitir que su intimidad física se convierta en una ocasión de gracia.

Pero como san Pablo sabía, obviamente todos tenemos anhelos y deseos, y si no los podemos satisfacer en casa, podemos empezar a querer satisfacerlos fuera. Por eso da un consejo práctico, diciéndoles a las parejas casadas de la comunidad de Corinto que no se nieguen el uno al otro, excepto "por cierto tiempo".

Por desgracia, las parejas no siempre tienen la libido en el mismo nivel. Por tanto, por caridad y atención al otro, las parejas casadas deberían tratar de complacer al otro, incluso cuando en ese momento no quieran tener relaciones. Es simplemente otra forma en que las parejas se apoyan entre sí y hacen algo extra por amor. En algunos casos, sin embargo, el cansancio, la enfermedad u otros factores hacen prácticamente imposible tener intimidad sexual. En esos casos, se debe hablar con franqueza. Si los deseos sexuales no coinciden, los esposos podrían buscar una terapia de pareja. Algunas veces, este tipo de incompatibilidad sexual es síntoma de problemas matrimoniales más serios.

¿Por qué decimos que el matrimonio es un sacramento?

Un sacramento es un símbolo. Es un toque, una promesa o una acción que de una manera misteriosa y que no se puede comprender completamente causa el efecto que significa. Esto quiere decir que cada sacramento usa un objeto real y tangible para significar y causar un efecto. Por ejemplo, el sacramento del Bautismo usa el agua, a la cual todos vemos como un elemento que limpia y refresca. En el Bautismo, el agua significa el hecho de que con este somos limpiados de nuestro pecado y re-creados, porque comenzamos a formar parte del Cuerpo de Cristo.

Del mismo modo, en la Eucaristía, usamos pan y vino, que son las fuentes básicas de la alimentación del ser humano. Por tanto, en la Eucaristía, el pan y el vino significan el acto de nutrir, pero esos dos elementos hacen también que nos alimentemos con la gracia.

El sacramento del Matrimonio es distinto de otros sacramentos por varias cosas. Primero, la materia o el signo del sacramento son los esposos y las palabras de compromiso que intercambian. Cuando se dirigen el uno al otro y pronuncian sus votos, sus acciones significan un compromiso mucho más profundo que abarca el resto de sus vidas. Del mismo modo que en el Bautismo el agua se convierte en fuente de perdón y vida eterna, así también en el Matrimonio las palabras de compromiso significan una promesa humana que es más completa y sagrada por la gracia de Dios.

Otra diferencia importante es la duración del sacramento del Matrimonio. Algunos sacramentos, como la Reconciliación o la Unción de los enfermos tienen una duración relativamente corta. La Reconciliación, por ejemplo, está compuesta de la confesión, la absolución y la penitencia; la Unción de los enfermos implica oraciones, la imposición de manos y la unción. El Matrimonio, en cambio, solo comienza cuando los esposos intercambian sus votos matrimoniales. El sacramento se extiende a lo largo de toda su vida, mientras crecen en amor y fidelidad recíprocos. Su amor y compromiso humanos se convierten en una ocasión para que la gracia de Dios esté presente durante todo su matrimonio. Además, esta gracia permea todos los aspectos de su matrimonio, incluso los explícitamente sexuales. El teólogo Philip S. Keane escribe:

> Todos los aspectos del matrimonio, incluyendo aquellos explícitamente sexuales, son parte del Sacramento. A veces hay una tendencia muy marcada a pensar en el sacramento del Matrimonio como la ceremonia en la que empieza el matrimonio; el miedo al sexo que se tenía antes puede ser parte de la razón por la que la ceremonia del matrimonio, en lugar de todo el matrimonio, viene a nuestra mente cuando hablamos de "sacramento". Pero toda la entrega de los esposos entre sí y a sus hijos son parte del Sacramento (…) La actividad sexual, como signo principal de la unión de los esposos, es seguramente concebida como el principal elemento de la vida sacramental de la pareja (…) En este contexto, puede considerarse una acción litúrgica o de culto[14].

El papel del sacerdote también es distinto en el sacramento del Matrimonio. En otros sacramentos, un sacerdote o diácono oficia o celebra el sacramento. En el Matrimonio, el sacerdote no imparte el sacramento a los destinatarios, como sucede en la Eucaristía o la Reconciliación. El hombre y la mujer son los ministros; son ellos los que se administran el sacramento recíprocamente. A través de su amor y afecto, producen la gracia en la vida del otro, de la misma forma que el sacerdote, actuando en la persona de Cristo, "causa" la gracia de la Reconciliación o del Bautismo. El sacerdote o diácono es un testigo oficial, pero en realidad este Sacramento es algo que los dos esposos hacen el uno para el otro, con la gracia de Dios.

¿Cuál es la diferencia entre anulación y divorcio?

El divorcio es la disolución legal de un matrimonio que alguna vez existió. En el pasado, los matrimonios a menudo tenían que ir a la corte donde el juez determinaba de quién había sido la culpa; de hecho, decimos que alguien comenzó un juicio para divorciarse, es decir, pidió a la corte que disolviera su matrimonio por una infidelidad o por otro problema serio. Actualmente, la mayor parte de los estados ha desarrollado leyes de divorcio que no implican alguna causal, de forma que las parejas pueden poner fin a su matrimonio de forma amistosa y serena.

Hemos dicho antes que el Matrimonio es un sacramento que usa la realidad humana del amor y del compromiso como una ocasión para que actúe la gracia. Mientras más completo y real es este bien humano, más y mejor se manifiesta la gracia divina. Dado que la esencia del matrimonio es el compromiso, el *Catecismo* afirma que "El Señor Jesús insiste en la intención original del Creador que quería un matrimonio indisoluble" (*CIC 2382*). La Iglesia ve los votos matrimoniales como sagrados e inderogables, si se hicieron libremente y con pleno consentimiento por ambas partes. Si por alguna razón se determina más tarde que faltó esa libertad o si se puede demostrar que uno u otro de los cónyuges no tenía intención de hacer un matrimonio para toda la vida, el matrimonio puede ser anulado o se puede determinar que nunca existió. Esto es distinto de la disolución del matrimonio que tiene lugar con el divorcio civil.

Aunque el *Catecismo* habla del divorcio como de una grave ofensa "a causa del desorden que introduce en la célula familiar y en la sociedad" (*CIC 2385*), también admite que "Si el divorcio civil representa la única manera posible de asegurar ciertos derechos legítimos, el cuidado de los hijos o la defensa del patrimonio, puede ser tolerado" y no es un pecado (*CIC 2383*).

Del mismo modo, uno de los esposos de un matrimonio que fracasó puede pedir a la Iglesia la anulación si él o ella cree que hubo impedimentos, coerción, falta de madurez o falta de comprensión del Sacramento, los cuales pudieron hacer inválido el consentimiento dado a través de los votos matrimoniales. Para evitar complicaciones legales, la Iglesia no considera la posibilidad de dar una anulación hasta que la pareja no haya obtenido el divorcio civil.

¿La Iglesia permite el divorcio si el esposo tiene comportamientos abusivos?

La Iglesia no le pide a nadie que permanezca en un matrimonio en el que hay abusos. El matrimonio es un Sacramento que se debe construir sobre la confianza y el respeto. Como es obvio, eso no puede suceder en un matrimonio en el que uno de los cónyuges es abusivo. Por lo general, aunque no siempre, son las mujeres las que sufren los abusos dentro del matrimonio. A menudo el primer paso es el más difícil. Puede ser difícil para la víctima reconocer incluso los abusos que sufre y mucho más dar los pasos que necesita para salir de esa situación. La presión de la familia, la vergüenza o la preocupación por los niños a menudo lleva a las víctimas a tolerar los abusos más tiempo del que deberían.

Por fortuna, existen muchas agencias y organizaciones privadas que pueden ayudar a la víctima de los abusos a reconocer su realidad y, si es necesario, a encontrar un albergue para ella y sus hijos. Esos albergues y otras agencias ayudan a la víctima de abusos a empezar una vida nueva. Estos servicios están disponibles para ofrecer ayuda a corto plazo o en emergencias, o también para periodos más largos de tiempo.

En una relación abusiva, lo primero que se debe hacer es buscar la ayuda de algún especialista; si esto no funciona, la separación es el siguiente paso; pero a menudo es difícil llegar a ella sin ayuda. El divorcio es el último recurso, el cual puede, sin embargo, ser la única opción en algunos casos. En casos de abuso, especialmente si el abuso comienza en los primeros meses o años del matrimonio o incluso antes del matrimonio, el cónyuge abusado puede tener suficientes causales para pedir la anulación una vez que cuenta con el divorcio civil.

¿Alguien que es estéril o que se ha hecho la histerotomía puede casarse por la Iglesia?

Sí. Si bien la Iglesia pide a los matrimonios estar abiertos a la procreación y no dar pasos activos para evitar la fertilidad, la esterilidad preexistente tanto en el esposo como en la esposa, no es un impedimento para el matrimonio. De cualquier forma, si una pareja está pensando en casarse teniendo el problema de la esterilidad, debe hablar cuidadosamente entre sí sobre cómo va a influir esto en su matrimonio. Aunque claramente existen otros caminos para la procreación, entre ellas la adopción, se debe recordar que la procreación es uno de los principales fines del matrimonio. El no poder procrear en un matrimonio puede ser fuente, no pequeña, de estrés. Las parejas que no van a poder procrear de forma natural, deben considerar cuidadosamente si son suficientemente maduras para aceptar eso y si son suficientemente creativos como para hacer su amor matrimonial fecundo de otra forma.

Si he tenido relaciones antes del matrimonio y he contraído una enfermedad, ¿debería decírselo a él o ella antes de empezar un noviazgo?

Si tienes una enfermedad de transmisión sexual, lo primero que debes hacer es ir al doctor y recibir tratamiento. Después de ello, no es necesario que reveles todo tu historial médico en la primera cita. No debes tener actividad sexual, si crees que tienes una enfermedad.

Las parejas que están comenzando a salir deben conocerse gradualmente y no es prudente revelar hechos personales de la propia vida cuando el nivel de intimidad lo desaconseja. Si tu relación se vuelve más estable y seria, deberías comunicarle a él o ella cualquier enfermedad seria que tengas o propensión a ella. Tu compañero o compañera tiene derecho a esa información y tú debes saber que el progreso en tu relación no puede basarse en falsas expectativas. Esto se aplica también a cualquier problema médico que pueda afectar la fertilidad. Hay un momento apropiado para compartir esa información, antes de que la relación se vuelva demasiado seria.

Como antes o después del matrimonio, es una falta grave contra la caridad y la justicia exponer al otro a contraer una enfermedad de transmisión sexual.

¿Por qué la gente que se ha divorciado no puede recibir la Comunión?

El principal problema aquí es el escándalo por la posibilidad de que otros entiendan mal o malinterpreten nuestras acciones en una forma que afecte a su fe. En los casos de divorcio y anulación hay una serie de formas en que esto puede pasar.

La primera sería el caso de una persona que se divorció, pidió y recibió la anulación, y se volvió a casar. Una vez que se ha otorgado la anulación, la persona queda libre para volverse a casar y recibir los sacramentos. Sin embargo, en algunos casos, los demás miembros de la parroquia pueden tener noticia solo del divorcio y no estar al tanto de que ya se otorgó la anulación. "¿Desde cuándo se puede uno divorciar, volverse a casar y seguir recibiendo la Comunión?", podrían preguntarse no teniendo noticia de la anulación. Incluso si esto no es culpa de la pareja, que hizo todo de forma correcta, puede de todas formas dar pie a un problema pastoral.

Un segundo caso sería el de una persona que se divorció, pero que no pidió la anulación. Si la razón por la que no pidió la anulación fue el rechazo a la enseñanza de la Iglesia o a la indisolubilidad del matrimonio, esto es motivo de escándalo, especialmente si la persona sigue recibiendo la Comunión. Como la Iglesia no reconoce el divorcio civil, la persona que se vuelve a casar sin haber obtenido la anulación está viviendo efectivamente "en pecado". Si el caso es ampliamente conocido en la parroquia, sería conveniente la intervención del párroco.

Un último caso es el de una persona que se divorcia, pide la anulación y no la recibe, pero se vuelve a casar de todas formas. En un caso como este es probable que los votos del primer matrimonio se hayan pronunciado de forma válida y libremente. En este caso, la persona de hecho no puede volverse a casar.

También puede ser que haya habido un impedimento que haya hecho al matrimonio nulo, pero que esto no se haya podido comprobar con una evidencia externa ante el tribunal matrimonial. Faltando la evidencia, el tribunal puede rechazar la petición de anulación, incluso si el consentimiento al matrimonio nunca fue expresado de forma válida –y aunque la verdad pueda verse claramente–.

En este caso, una persona de buena voluntad, con una conciencia bien formada, puede consultar con su párroco o director espiritual y tomar una decisión ante Dios de que nunca estuvo casado o casada, volverse a casar y seguir recibiendo el Sacramento. Esto se conoce como una solución de "foro interno". Es un camino arriesgado porque coloca a la persona fuera de la ley de la Iglesia, sin evidencia externa alguna. Esto también puede causar escándalo a otros.

Dada la complejidad del matrimonio y sabiendo que el pecado y la bondad moral son algo personal, debemos ser siempre muy cautos y caritativos a la hora de juzgar la situación espiritual y moral de otros.

CAPÍTULO 4

Preguntas sobre la homosexualidad y sobre el sexo fuera del matrimonio

Por lo que podemos saber, la homosexualidad –y otras prácticas sexuales alternas– han existido desde siempre. Sin embargo, el reconocimiento y la cantidad de tiempo que hablamos de ellas varía mucho de una cultura y época a otras. Durante gran parte del último o de los últimos dos siglos, la homosexualidad había sido conocida más bien como "el amor del que nadie se atreve a hablar" o como el "vicio impronunciable". Si se llegaba a hablar de él, se hacía siempre con discreción. El estigma unido a la homosexualidad era tan fuerte que los gays y las lesbianas sufrían discriminación y abusos. Algunas veces, en medio de una desesperada vergüenza y aislamiento, algunos optaban por el suicidio antes que afrontar las consecuencias de ser conocidos como tales públicamente.

En nuestra generación hemos visto un cambio enorme en la forma en que vemos la homosexualidad. Incluso la Iglesia, que a menudo ha sido vista como la responsable de las actitudes culturales negativas hacia las mujeres y hombres gay, ha dicho en diversos documentos que existe una distinción entre la persona homosexual, la cual debe ser siempre respetada y amada, y los actos homosexuales que son considerados como pecaminosos. El *Catecismo* sostiene de forma inequívoca que las personas homosexuales "deben ser acogidas con respeto, compasión y delicadeza. Se evitará, respecto a ellos, todo signo de discriminación injusta" (*CIC* 2358).

Debería ser claro por todo lo que hemos dicho sobre la sexualidad en general que se trata de una realidad muy compleja. En cierto sentido, todos somos heterosexuales y todos somos homosexuales. Tenemos la capacidad para conocer y amar tanto a hombres como mujeres. La creciente aceptación de las personas homosexuales ha llevado a muchas personas –incluso en la Iglesia– a temer que ello pueda llevar a una aceptación acrítica de la actividad sexual fuera del matrimonio y quizás provocar que los jóvenes vean este estilo de vida como deseable.

El *Catecismo* también anota que aunque el número de personas homosexuales es "apreciable", los orígenes de la homosexualidad aún no se conocen completamente. Esto es verdad, aunque la mayor parte de los expertos coincide en afirmar que la identidad u orientación sexual (incluida la homosexualidad) es (a) el resultado de factores tanto biológicos como sociales; (b) se forma en los primeros años de vida, quizás antes de la pubertad; y (c) por lo general, es permanente y difícil de cambiar.

Aquellos que han hecho una investigación más amplia, especialmente John Money, MD, dicen que el desarrollo de la identidad sexual no es un problema de "o... o": o la naturaleza por un lado o el ambiente (educación familiar) por otro. Más bien, explica Money, es el resultado de tres factores: ciertas influencias biológicas que forman parte de la naturaleza; uno o más periodos críticos en el desarrollo embrionario o la primera infancia en los cuales la identidad sexual está particularmente expuesta a influencias; y varias experiencias en la primera infancia que refuerzan o confirman las primeras influencias. Antes del nacimiento, el desarrollo sexual de nuestros cerebros se ve influido por las hormonas; después del nacimiento, por experiencias sensitivas[15]. Aunque la teoría de Money deja algunas preguntas sin responder, no conozco otra teoría sobre el desarrollo de la identidad sexual más completa. Al responder a las siguientes preguntas, tomaré la hipótesis de Money como si fuera cierta, hasta donde esto sea posible.

Es importante notar que en torno a la homosexualidad hay, no uno, sino varios problemas morales. El primero es el estatus moral de las personas homosexuales; el segundo es la moralidad de los actos homosexuales, los cuales tienen lugar en diversas situaciones; el tercero es el problema de los derechos civiles y humanos de las personas gay o lesbianas. En cierto sentido, este tema es el más difícil y está lleno de controversias, las cuales tendremos que afrontar en este libro.

¿Cuál es la relación entre homosexualidad y pedofilia?

No existe una relación estructural entre homosexualidad y pedofilia. A pesar de la enorme publicidad que rodeó a los abusos sexuales de niños por parte de sacerdotes, la incidencia de pedofilia (atracción sexual hacia niños pequeños) parece ser la misma entre homosexuales y heterosexuales. De hecho, la mayor parte de los pedófilos obsesivos a menudo no distinguen entre niños y niñas. Su atracción sexual es hacia niños, sin importar su género[16].

Debido a que el abuso sexual de menores a menudo no se reporta, es difícil saber cuán a menudo sucede. Sin embargo, los estudios indican que el abuso sexual de niñas es más frecuente que el de niños, en ocasiones dos o tres veces más. Esto sugiere que, si bien el abuso sexual de niños por parte de homosexuales ciertamente existe, el abuso de niñas, sobre todo dentro de las familias, es un problema mucho más serio.

¿Ser homosexual y bisexual es algo normal?

La respuesta a esta pregunta depende de que entendamos por "normal". Si hablamos de una "normalidad estadística", estas dos tendencias constituyen una pequeña minoría, pero ciertamente estable, quizás alrededor del 5 por ciento. La frecuencia con que se presenta la homosexualidad parece ser constante en todas las culturas e incluso a lo largo de la historia. Las causas no se conocen bien, pero como otros tipos de sexualidad alterna, aparece ya bien definida antes de la pubertad, incluso posiblemente antes del nacimiento.

Las encuestas demuestran que la homosexualidad ha ido ganando, de forma constante, más aceptación en la sociedad [17].

Personas que son abiertamente gays han sido elegidas para diversos cargos públicos, incluyendo el Congreso. No existe alguna evidencia de que las personas gays, como grupo, sean menos productivas, menos inteligentes o menos capaces de alcanzar la santidad que otras. La mayoría de los americanos en nuestros días cree que la propia orientación sexual no tiene necesariamente un efecto negativo en el desempeño profesional o en el propio carácter. Y como hemos dicho aquí, estas actitudes reflejan la enseñanza del *Catecismo de la Iglesia* acerca de que las personas gays deben ser aceptadas completamente, sin ningún tipo de discriminación.

Aun así, la baja frecuencia con que se presenta la homosexualidad conlleva una serie de dificultades. El darse cuenta de la propia atracción homosexual puede ser un doloroso descubrimiento para niños y adultos; los actos homosexuales de ninguna forma son aprobados por la Iglesia, porque carecen de la complementariedad y procreatividad que deben estar presentes en toda relación sexual.

Por tanto, desde el punto de vista estadístico, la homosexualidad es normal en el sentido de que parece presentarse con regularidad en todos los grupos humanos, pero es anormal porque afecta solo a un pequeño número de personas. Es normal en el sentido de que no impide necesariamente la madurez, la santidad o la productividad; pero es anormal porque no está abierta a la procreación y porque no tiene la complementariedad entre hombre y mujer que es la base de la moral sexual.

Según la Iglesia, ¿la homosexualidad es un pecado?

Aunque la enseñanza de la Iglesia considera la orientación homosexual como desordenada, porque los actos homosexuales están cerrados al don de la vida y carecen de la "complementariedad afectiva y sexual" necesarias para el matrimonio; sin embargo, también afirma categóricamente la dignidad humana de las personas homosexuales, así como su capacidad para llevar una vida santa y en gracia de Dios.

Ya hemos anotado cómo la evidencia científica sugiere que en la gran mayoría de los casos de identidad sexual –homosexual, heterosexual o algún punto intermedio– no ha habido una elección personal. La identidad se determina incluso antes de que seamos conscientes de ella y gradualmente crecemos con ella conforme vamos madurando. Por tanto, incluso si hay una imperfección esencial en la homosexualidad, a causa de la falta de complementariedad y la imposibilidad de procrear, las personas gays de ninguna forma son moralmente responsables de su orientación. No deben verla a esta como un obstáculo para alcanzar una vida plena y feliz.

De lo anterior se sigue que una inclinación homosexual no es de ninguna forma incompatible con la vocación cristiana o la búsqueda de la santidad. Todos tenemos diversas inclinaciones al pecado y las personas gays tienen el mismo acceso a la amistad con Dios y a su gracia que cualquier otra.

¿Qué quiere decir la Iglesia cuando habla de actos "intrínsecamente malos"?

El *Catecismo* habla de la violación como de un "acto intrínsecamente malo" y explica que los actos homosexuales son "intrínsecamente desordenados". La palabra "intrínseco" significa "inherente", en el sentido de que esos actos, por su misma naturaleza, sin importar las circunstancias o la intención, son siempre malos. Esto es importante porque hay actos que, aunque son moralmente neutrales en sí mismos, pueden llegar a ser seriamente inmorales, dependiendo de las circunstancias. Por ejemplo, si alguien pregunta si las relaciones sexuales son inmorales, la respuesta sería "depende". Las relaciones sexuales son en sí mismas neutrales; no son buenas ni malas hasta que sepamos las respuestas a varias preguntas: quién, cómo, cuándo, dónde y por qué.

Estos actos no son malos simplemente porque lo diga alguien, sino porque están directamente en contradicción con el bien del hombre. Los actos intrínsecamente malos, por otro lado, son siempre objetiva y moralmente malos, sin importar las circunstancias. La violación está mal porque es una ofensa directa a la dignidad y libertad humanas. Los actos homosexuales se consideran como desordenados por no tener el fin propio de la procreación y la unión entre un hombre y una mujer.

¿Qué debo hacer si me doy cuenta de que uno de mis hijos es homosexual?

Dado que las identidades sexuales, o al menos las tendencias, se establecen en los primeros años de vida, los papás algunas veces sospechan que su hijo puede ser gay. El tipo de juegos o de amigos o de ropa algunas veces da pistas, pero los papás no deben precipitarse en sus conclusiones. Los niños atraviesan diversas etapas en su afectividad y aprenden poco a poco qué significa amor y atracción sexual. Comentarios o comportamientos que podrían revelar cierta homosexualidad pueden ser simplemente torpes intentos para distinguir entre amor y atracción o para entender mejor cómo "se supone que deben actuar" niños y niñas. Los padres deben ser cautos acerca de ello sin alarmarse.

Independientemente de la orientación sexual que al final tenga el niño o niña, el amor y apoyo de los papás es fundamental. Una reacción exagerada es injustificada y a menudo destructiva. Ello puede hacer que el niño decida no ser honesto haciendo que comience a crear compartimentos en su vida y quizás incluso que comience a mentir a sus papás. Esto puede cerrar el camino a un diálogo franco y hacer imposible a los papás cumplir con su rol e influir en la vida de su hijo.

En 1997, la Conferencia de Obispos Católicos de Estados Unidos publicó una carta pastoral titulada *Siempre serán nuestros hijos*. El texto, dirigido a padres de niños gay o de niñas lesbianas, explica que los papás pueden llegar a la conclusión de diversas maneras de que su hijo o hija es homosexual; también explica que generalmente los papás experimentan emociones diversas y encontradas: alivio al saber que el hecho ya es conocido abiertamente, deseo de sobreprotección, ira, duelo, temor, pena o vergüenza.

Los obispos ofrecen algunos consejos que difícilmente podría yo mejorar. Dicen que los padres deberían:

1. Aceptarse y amarse a sí mismos como papás para poder aceptar y amar a su hijo o hija. No deben culparse a sí mismos por la orientación homosexual de su hijo.

2. Hacer todo lo posible para seguir mostrándole su amor a su hijo o hija. Sin embargo, aceptar su orientación homosexual no significa aprobar todas las actitudes o comportamientos relacionados con ella. De hecho, es posible que tengas que criticar aspectos de cierto estilo de vida que no te parecen correctos.

3. Animar al hijo o hija a permanecer cerca de la comunidad de fe. Si el hijo ha dejado de ir a la Iglesia, animarlo a volver y a reconciliarse con la comunidad, especialmente a través del sacramento de la Reconciliación.

4. Animarlo a encontrar un director espiritual o mentor que le ayude a tener una vida de oración y a llevar una vida casta y virtuosa.

5. Buscar ayuda para sí mismos, quizás en la forma de asesoría psicológica o dirección espiritual para poder comprender y aceptar el hecho con serenidad. También puede ayudar unirse a un grupo de apoyo de padres en la misma situación o participar en un retiro para papás católicos con hijos homosexuales.

6. Acercarse con amor y espíritu de servicio a otros papás que se encuentran en la misma situación. Hablar con la parroquia sobre la posibilidad de crear un grupo de apoyo formado por papás.

7. Mientras buscan ayuda en la educación y en otras personas, deben recordar que solo pueden cambiarse a sí mismos. Solo son responsables de sus propias creencias y actos, y no de los de sus hijos adultos.

8. Confiar completamente en Dios, que es más poderoso, compasivo y misericordioso de lo que nosotros podríamos ser.

El Papa Francisco reiteró estos consejos cuando se le preguntó si aprobaba la homosexualidad. Dijo que respondería con otra pregunta: "Dime, Dios, cuando mira a una persona homosexual, ¿aprueba su existencia con afecto o la rechaza y la condena? Hay que tener siempre en cuenta a la persona. Y aquí entramos en el misterio del ser humano. En esta vida Dios acompaña a las personas y es nuestro deber acompañarlas a partir de su condición". Esto significa que ya se trate de hijos gays o de amigos gays, nosotros los acompañamos en su camino de salvación, ayudándolos a encontrar la gracia de Dios en los diversos aspectos de su vida.

Si tengo la sospecha de que soy gay, ¿debería casarme con alguien del sexo opuesto para superar esa tendencia?

No. Aquí hay dos problemas. Ante todo, casarse con alguien para solucionar una cuestión personal es usar al futuro esposo o esposa como herramienta terapéutica y como un medio para alcanzar un fin. Sería como decir, "me voy a casar con esta persona para solucionar mi problema de ansiedad". Esto implicará también engañar, al menos sobre las dudas que tienes sobre ti mismo. Claramente, esta no es una buena base para construir un compromiso definitivo de amor.

El segundo problema es que, si al final de verdad decides ser gay, le habrás hecho una seria injusticia a tu esposo o esposa. De hecho, eso podría hacer inválido tu matrimonio, por el hecho de que no habrías sido completamente libre para prometer un amor y afecto sexual de por vida. Tus votos matrimoniales estarían apoyados sobre un terreno pantanoso porque los estarías haciendo sin ninguna atracción física, la cual es parte de la vida sexual dentro del matrimonio. Tener hijos en un matrimonio que no es estable a causa de tus dudas sobre tu identidad sexual sería todavía otra injusticia más.

Si la atracción a personas del mismo sexo o algunas experiencias de la actividad homosexual te llevan a preguntarte sobre tu propia identidad sexual, no sigas adelante en una relación romántica heterosexual. Pon el asunto en espera y habla con un psicólogo para que te ayude a ordenar tus sentimientos.

¿Qué pasa si ya estoy casado o casada y experimento tendencias homosexuales?

Este es un problema más complicado, porque has hecho un compromiso serio con tu esposo o esposa y probablemente también tengas hijos. Es importante no empeorar las cosas. Si estás experimentando sentimientos homosexuales o incluso si estás convencido de ser homosexual, no te debes involucrar en ninguna actividad sexual fuera del matrimonio. Esto no es solo por honestidad, sino también porque expones a tu pareja a la posibilidad de contraer alguna enfermedad de transmisión sexual.

El primer paso es tener una conversación franca con tu pareja; sé tan honesto u honesta como puedas y pídele su apoyo. Después busca a un psicólogo cualificado para que te ayude a analizar tus sentimientos. Algunas veces, especialmente en el caso de las mujeres, los sentimientos de profundo afecto por otra persona del mismo sexo pueden confundirse con una atracción sexual.

En algunas ocasiones, es posible para un hombre o para una mujer gay permanecer en un matrimonio heterosexual, pero requiere mucho esfuerzo, honestidad y apoyo por parte del cónyuge. Esta opción, desde una perspectiva moral, es la más deseable, pero puede ser imposible para muchas personas. En ese caso, la separación, la anulación y el divorcio pueden ser aconsejables. Tu párroco te puede ayudar a examinar las alternativas.

Un buen amigo me dijo hace poco que es gay y que tiene pensado casarse con su pareja, ¿estaría mal si sigo invitándolo a venir a nuestra casa?

Es importante no reducir a ninguna persona, heterosexual u homosexual, a su identidad sexual. Por ello, en una situación como esta, lo primero que hay que recordar es que esa persona es la misma persona a la que tú llegaste a querer como amigo. Posiblemente ahora más que nunca ella necesita de toda tu amistad y apoyo incondicionales. El hecho de que sea gay no debe disminuir tu respeto por él. Si crees que su relación es cuestionable, se lo debes decir, pero dejando claro que sigue siendo en todo momento tu amigo.

Ninguno de nosotros puede sobrevivir sin amigos; de hecho, ellos son la parte más importante de la vida humana. La relación que tu amigo tiene con su pareja es primero y ante todo una amistad y debe respetarse y valorarse como cualquier otra amistad. Posiblemente su relación sexual pueda ser algo que te incomode, pero no debes mirarla como si fuera lo único importante. De la misma manera que no les preguntarías a tus amigos heterosexuales que están saliendo con alguien si están o no teniendo relaciones sexuales, del mismo modo tampoco debes preocuparte sobre si y en qué manera tu amigo y su pareja se están relacionando sexualmente.

No estás obligado, sin embargo, a permitirle pasar la noche en tu casa si te parece inconveniente y tu amigo no debe suponer que tú vas a permitírselo. También, si tienes hijos y te visitan tu amigo y su pareja, debes estar preparado para las preguntas que puedan surgir. A no ser que tus hijos tengan edad suficiente como para entender las complejidades del tema, la pareja deberá ser presentada simplemente como unos amigos y nada más.

¿Qué significa ser bisexual? ¿Ser bisexual es moralmente aceptable?

Ya hemos dicho que posiblemente la identidad sexual se define en las primerísimas etapas de la vida, que es permanente y que implica tanto un desarrollo cerebral antes del nacimiento como un comportamiento aprendido más tarde. La identidad sexual no es solo heterosexual u homosexual. La sexualidad humana es complicada y existe todo un espectro que va desde totalmente heterosexual hasta totalmente homosexual. Hay diversas posibilidades entre ambos extremos.

La bisexualidad es un término usado para describir a personas que experimentan atracción sexual hacia personas de ambos géneros. Las personas que tienen inclinaciones bisexuales no son físicamente bisexuales; son claramente hombre o mujer, pero tienen un rango de afectos más amplio que la mayoría de nosotros.

No hay nada de inmoral en la atracción bisexual en cuanto tal, pero obviamente no es correcto para un bisexual tener relaciones sexuales con hombres y mujeres. Si bien es raro que alguien se sienta igualmente atraído por hombres o mujeres, en teoría es algo posible. Las personas que son verdaderamente bisexuales deben optar por la heterosexualidad y construir una vida íntegra y honesta.

¿Cuál es la doctrina de la Iglesia sobre las personas que cambian de género y sobre la cirugía para cambiar de sexo?

En 1952, George William Jorgensen, quien acababa de volver de servir militarmente en la Segunda Guerra Mundial, estaba preocupado por el desarrollo inadecuado de sus genitales masculinos. Buscó ayuda médica y al final se hizo famoso por haber realizado el primer proceso quirúrgico para corregir su sexualidad. George se convirtió en Christine y el resto es historia.

Desde entonces, los avances en psiquiatría, en las técnicas quirúrgicas y en la terapia hormonal han hecho más comunes este tipo de transformaciones. Algunas veces, como en el caso de Jorgensen, esto sucede como resultado de una formación inadecuada o ambigua de los genitales. Cuando esto sucede en el momento del nacimiento, se debe tomar una determinación sobre si el recién nacido será niño o niña. Algunas veces puede tomar años determinar eso y en algunos casos la cirugía es requerida para hacer que el sexo físico y psíquico del niño coincidan.

En otros casos, no hay una ambigüedad física, pero cuando el niño va creciendo, él o ella insisten en que quieren ser del sexo opuesto. El individuo puede adoptar ropa, costumbres e incluso nombres del sexo opuesto. En la adultez, esto puede conducir a un proceso semejante al de Jorgensen. Una serie de centros médicos en los Estados Unidos tiene programas para este tipo de intervenciones y los candidatos son cuidadosamente evaluados antes de ser admitidos.

La sexualidad es tanto física como psicológica. La mayoría de nosotros somos tanto física como psicológicamente hombres o mujeres. En algunos casos, sin embargo, las influencias prenatales pueden causar anomalías en la formación de los genitales, lo que conduce a una disparidad entre el sexo físico y el "sexo cerebral". El resultado es que, si bien yo puedo parecer físicamente de un sexo, mi cerebro me dice que soy del otro. Hasta hace poco no había mucho que se pudieran hacer para solucionar esto; la realidad médica de la disforia de género no había sido aún reconocida y mucho menos vista como tratable.

Actualmente sabemos que la disforia de género (rechazo al sexo biológico con que se nació) puede ser síntoma de una afección médica conocida como desorden de identidad de género. Esta afección no es inmoral en sí misma, pero las personas que la experimentan deben recibir una asesoría completa desde el punto de vista médico, psicológico y espiritual antes de embarcarse en el largo, traumático y costoso proceso para cambiar de género.

CAPÍTULO 5

Preguntas sobre reproducción, planeación familiar y aborto

Catalina Benincasa nació en Siena, Italia, en 1347. Fue la penúltima hija de los 25 hijos que tuvieron sus papás, Giacomo y Lapa Benincasa. Más tarde, se haría famosa al convertirse en santa Catalina de Siena, la mujer que valientemente fue a Aviñón para animar al Papa a regresar a Roma. Sin embargo, las circunstancias de su nacimiento no fueron tan extraordinarias para la época. La alta mortalidad infantil y las cortas expectativas de vida a menudo exigían que las mujeres se embarazaran tantas veces como pudieran. A diferencia de nuestros días, en que los niños son un compromiso económico que se debe planear cuidadosamente, en los días de santa Catalina (y en gran parte de la historia humana) los niños eran una ventaja económica. Al no haber Seguridad Social, pensiones o asilos de ancianos, los papás nunca habrían podido sobrevivir sin la ayuda de sus hijos adultos.

Para 1932 las cosas habían cambiado mucho, año en que Aldous Huxley escribió su famoso libro *Un mundo feliz*. Aunque Huxley no sabía nada de genética (la estructura de los genes de la persona humana se descubrió más tarde), anticipó un mundo en el cual la reproducción estaría completamente mecanizada, en una línea de ensamblaje "fordiana". La novela comienza en Londres...

...en el "año de nuestro Ford 632" (2540 d.C.). En este mundo, la gran mayoría de la población se unificó en el Estado Mundial, una sociedad eternamente en paz y estable en la que existen bienes suficientes para todos y todos son felices. En esta sociedad, la reproducción natural se ha eliminado gracias a que los niños son producidos y criados en los Centros de Crianza y Condicionamiento.

71

La sociedad está dividida en cinco castas, las cuales se crean en los centros. A la casta más alta se le permite desarrollarse de forma natural mientras madura en su "botella de decantación". Las castas más bajas son tratadas usando químicos para influir sobre el desarrollo de su inteligencia y de su cuerpo. Las castas se llaman alfa, beta, gamma, delta y épsilon, y cada una se divide en casta "más" y casta "menos".

El sexo heterosexual hecho por recreación es una parte integrante de la sociedad. En el Estado Mundial, el sexo es una actividad social, en vez de un medio para la reproducción y se anima a practicarlo desde la niñez; las pocas mujeres fértiles están condicionadas para tomar píldoras de control de la natalidad. La máxima "todos pertenecen a todos" se repite a menudo y la idea de una familia tradicional es desagradable. Como resultado, el esfuerzo sexual y emocional, las relaciones románticas son obsoletas. El matrimonio, el nacimiento natural, la noción de ser padre o de estar embarazada son consideradas demasiado obscenas como para ser mencionadas en una conversación normal[18].

Cuando el libro fue escrito, fue considerado ciencia ficción. Nadie imaginó, ni de lejos, que la tecnología para ese mundo existiría en un futuro no tan lejano. En 1960, sin embargo, ese momento comenzó a materializarse cuando estuvo disponible la píldora, un método anticonceptivo del que se podía disponer fácilmente. Si bien esto no se parece mucho a lo que Huxley imaginó, con ello comenzó un proceso de separación entre procreación y amor sexual.

En 1978 se dio otro paso importante. Ese año, Louise Brown nació en Inglaterra, la primera (o al menos la primera conocida) "niña de probeta", la cual fue traída a la existencia en un laboratorio completamente aparte de la relación sexual de sus papás.

En 1996, tuvo lugar un hito más en el progreso de la ciencia cuando Dolly, la primera oveja clonada, nació. Aunque la clonación humana todavía no es posible, la ciencia avanza cada día y la llegada del primer clon humano es ciertamente inevitable. ¿Cómo afrontará la Iglesia este reto? ¿Nuestra tradición moral, las verdades eternas, la "religión antigua" con la que muchos de nosotros crecimos serán capaces de afrontar los retos de esta tecnología que se desarrolla a pasos agigantados?

En medio de todo este cambio, la Iglesia se ha adherido firmemente a ciertos principios que están profundamente enraizados en la forma en que nosotros entendemos a la persona humana. Ya hemos hablado del primer principio, es decir, la importancia de la integridad y totalidad en la moral católica. Cada decisión moral que tomamos debe reflejar esa integridad y totalidad que Dios puso en nosotros al crearnos. Toda sólida decisión moral debe tener siempre presente esta integridad y buscar cada vez más totalidad e integridad.

La moralidad entendida como totalidad requiere que las relaciones sexuales se tengan solo dentro del matrimonio, tanto para proteger a la pareja del dolor que produce separar en sí mismos el aspecto físico y el emocional, como para proteger a cualquier niño que podría resultar de una relación sexual.

Por último, la totalidad requiere que incluso dentro del matrimonio, los dos aspectos del amor sexual —matrimonio y procreación— nunca se separen de forma deliberada. Hacer eso viola la totalidad e integridad de la persona querida por Dios. Como el Papa Pablo VI escribió en su encíclica de 1968 *Humanae Vitae*:

> Esta doctrina, muchas veces expuesta por el Magisterio, está fundada sobre la inseparable conexión que Dios ha querido y que el hombre no puede romper por propia iniciativa, entre los dos significados del acto conyugal: el significado unitivo y el significado procreador.

Efectivamente, el acto conyugal, por su íntima estructura, mientras une profundamente a los esposos, los hace aptos para la generación de nuevas vidas, según las leyes inscritas en el ser mismo del hombre y de la mujer. Salvaguardando ambos aspectos esenciales, unitivo y procreador, el acto conyugal conserva íntegro el sentido de amor mutuo y verdadero y su ordenación a la altísima vocación del hombre a la paternidad (no. 12).

Esto significa que la pareja puede aprovechar los períodos del mes naturalmente infértiles, pero no debe provocar deliberadamente la infertilidad, impedir la ovulación o fertilización, o evitar la implantación del embrión.

¿Por qué está mal que las parejas casadas usen anticonceptivos, si solo están tratando de espaciar los nacimientos de sus hijos?

Hay tres formas de mirar la prohibición de la Iglesia de usar anticonceptivos, incluso en el contexto del matrimonio. La primera forma tiene que ver con la naturaleza del mismo acto conyugal, es decir, la finalidad que Dios le dio a ese acto. Como la Iglesia lo entiende, Dios quiso que el acto conyugal tuviera dos fines integrales e inseparables: el unitivo y el procreativo. Separar estos dos fines es, de acuerdo con la enseñanza de la Iglesia, ir contra el desginio de Dios.

Otra forma de pensar en esta prohibición tiene sus raíces en la forma en que entendemos la sexualidad y el amor matrimonial. En una pregunta anterior hablábamos de que la moralidad es un problema de totalidad e integridad. El pecado a menudo implica escoger un bien menor que el que podemos alcanzar y nos lleva a ser menos de lo que podríamos ser. La persona verdaderamente santa es una persona completa, que tiene unificadas sus esferas física, emocional y espiritual. En el matrimonio y en el acto conyugal, los esposos se dan por completo a sí mismos al otro, sin reservas, sin conservar nada para sí. Cuando nosotros frustramos deliberadamente el aspecto procreativo del acto conyugal, estamos conservando algo, no nos estamos dando sin reservas. El anticonceptivo se convierte en una barrera entre las dos personas y el acto carece de esa total entrega de uno mismo. El Papa Pablo VI habló de esto en *Humanae Vitae*:

> Es un amor total [el amor conyugal], esto es, una forma singular de amistad personal, con la cual los esposos comparten generosamente todo, sin reservas indebidas o cálculos egoístas. Quien ama de verdad a su propio consorte, no lo ama solo por lo que de él recibe sino por sí mismo, gozoso de poderlo enriquecer con el don de sí (no. 9).

Un tercer argumento en contra de la anticoncepción artificial es de sentido común: si no necesitas medicinas, no las tomes. Del mismo modo que la mayoría de nosotros prefiere la comida natural u orgánica, los tejidos naturales, los pesticidas naturales, también preferimos las terapias médicas que sean lo más naturales y menos invasivas posible. Ninguno de nosotros optaría por la cirugía si una píldora fuera igualmente efectiva o por la quimioterapia si las vitaminas y una semana de vacaciones fueran igualmente efectivas. De forma parecida, muchos métodos artificiales de anticoncepción (incluyendo la píldora y los dispositivos intrauterinos) tienen riesgos y efectos secundarios considerables. Desde un punto de vista puramente médico, los métodos naturales deberían ser siempre la primera opción.

La expresión "métodos naturales de planeación familiar" abarca muchos métodos diferentes, los cuales se basan en el ciclo natural de fertilidad más que en dispositivos o medicamentos. La planeación natural ha tenido una mala reputación porque las primeras formas de "anticoncepción católica" usaban un calendario para determinar los días infértiles de la mujer en su ciclo menstrual. El así llamado "método del ritmo" no era confiable porque los ciclos de muchas mujeres varían de un mes a otro.

Otros métodos, sobre todo el Método Billings, son mucho más seguros porque se sirven de síntomas físicos de la fertilidad que son predecibles y fáciles de identificar, si se cuenta con una adecuada preparación y hay verdadero interés por parte de ambos cónyuges.

¿Hay algún problema con la fertilización *in vitro* entre esposos?

Si bien la Iglesia ve el tener, criar y educar a los niños como uno de los fines primarios y más importantes del matrimonio, también enseña que los medios para alcanzar esa meta deben ser moralmente válidos. La Iglesia considera la fecundación *in vitro* (*in vitro* significa en latín "en vidrio", esto es, en un receptáculo de cristal en el laboratorio) como un medio moralmente inapropiado para alcanzar ese fin. Esto por dos motivos:

En primer lugar, en realidad, la fertilización *in vitro* (FIV) casi siempre implica la creación de varios embriones que pueden implantarse en el útero de la mujer en una sola intervención. La razón por la que se crean embriones extra es en previsión de que algunos de ellos se pierdan o tengan una calidad insuficiente para ser usados y también para estar preparados en caso de que el procedimiento en general no funcione. Si se considera que algunos embriones no funcionarán, simplemente se les destruye. Además, creando "embriones de repuesto", la mujer ya no tendría que realizar nuevamente el proceso de producir y obtener múltiples óvulos en un solo ciclo para poder hacer un segundo intento de FIV. Esto puede ser útil en caso de que el procedimiento falle o si la mujer después quiere tener más hijos. Si el proceso tiene éxito, los embriones extra son crioconservados, es decir, congelados para mantenerlos en un estado de animación suspendida en un lugar especial donde se les almacena y más tarde son descongelados para descartarlos o utilizarlos en la investigación científica. De cualquier forma, el proceso de la FIV casi siempre termina la destrucción de embriones humanos vivientes que no fueron implantados en la mujer lo cual, dentro de la enseñanza de la Iglesia, es considerado un aborto.

En segundo lugar, así como la Iglesia enseña que la anticoncepción está mal porque implica la separación voluntaria de los fines naturales del acto conyugal, así también la Iglesia enseña que la FIV está mal porque reemplaza el mismo acto conyugal como el medio para llegar a un embarazo. En otras palabras, la FIV reemplaza o es usada como sustituto del acto querido por Dios para engendrar una nueva vida. Por tanto, de una forma distinta pero parecida, la FIV está mal casi por la misma razón que la anticoncepción, es decir, porque separa los fines procreativo y unitivo del acto conyugal. Los procedimientos que separan totalmente el acto de procreación del amor conyugal son vistos como intrínsecamente inapropiados para traer a un niño al mundo.

Hay algunas técnicas de reproducción asistida que simplemente asisten, pero no reemplazan o sustituyen el acto conyugal mismo. Si bien esas técnicas pueden no ser intrínsecamente malas de acuerdo con la enseñanza de la Iglesia, el factor económico debe ser tomado en consideración. Las técnicas de reproducción asistida son caras y por lo general requieren varios intentos. Las parejas deben considerar si esta es una buena forma de usar sus recursos, especialmente si ya tienen hijos. Desde un punto de vista espiritual, las parejas deben tener cuidado para no obsesionarse con el embarazo, de forma que pierdan la perspectiva y dejen de apreciar otras expresiones de la fecundidad matrimonial, como la adopción, que hace crecer su matrimonio y proporciona casa a niños que de otra forma nunca la tendrían.

¿Por qué se opone la Iglesia a la investigación sobre células madre, especialmente cuando estas tienen el potencial para curar enfermedades como el mal de Parkinson?

Las células madre son células no especializadas que tienen la capacidad de dividirse y producir otras células más especializadas. Aunque su potencial aún no se entiende por completo, los científicos tienen la esperanza de que algún día puedan manipularse para dar origen a cierto tipo específico de células, las cuales curen enfermedades o reparen órganos y tejidos enfermos. Dado que algunos tipos de células madre se encuentran en nuestros mismos cuerpos, usarlas en contra de una enfermedad no tendría los problemas de rechazo que acompañan a los trasplantes de órganos.

En su declaración de 2008 *Acerca de la investigación sobre células madre embrionarias*, los obispos de los Estados Unidos explican que hay dos tipos de células madre. Las células madre adultas, que se encuentran en el cordón umbilical, en tejidos adultos y en la placenta. Los obispos dicen que "se pueden obtener sin dañar al donante y sin ningún problema ético".

Las células madre embrionarias, por otra parte, se obtienen por la destrucción de seres humanos embrionarios en los primeros días de su desarrollo. Dado que extraer estas células implica el asesinato deliberado de seres humanos, obtener o utilizar estas células es inmoral. Usar dinero de los impuestos para financiar la investigación en este tipo de células nos hace cómplices de un acto malo. Esta es la razón por la que la Iglesia se ha opuesto a ampliar el financiamiento federal para la investigación de células madre más allá de las líneas de investigación que existen actualmente.

Investigar más sobre las células madre embrionarias tiene un gran atractivo a causa del vasto potencial terapéutico que estas parecen tener. Sin embargo, es importante anotar que nunca debe permitirse sacrificar a seres humanos para el bien de otros, sin importar cuán grande pueda ser el bien potencial. Los obispos explican los peligros de esta actitud pragmática cuando dicen: "La misma ética que justifica poner fin a algunas vidas para ayudar a un paciente con enfermedades como el mal de Parkinson o Alzheimer hoy, puede usarse para sacrificar a este mismo paciente mañana, si su supervivencia es vista como una desventaja para otros seres humanos a quienes se considera más merecedores o productivos".

Por ello, los católicos deben promover que se siga investigando en células madre de adultos, las cuales son muy prometedoras y evitan que se expanda la investigación que utiliza células embrionarias.

¿Por qué la Iglesia está en contra del aborto? ¿Acaso no se le debería permitir a la mujer decidir sobre su propio cuerpo?

Es verdad que cada uno de nosotros es responsable de su propio cuerpo. Nuestra gratitud a Dios por nuestra simple existencia nos lleva a cuidar nuestra salud y a tratar con cuidado lo que se nos ha concedido. San Pablo pregunta: "¿No saben que su cuerpo es templo del Espíritu Santo…?" (1 Corintios 6:19). Por gratitud a Dios que nos creó, respetamos esos templos cuidando nuestra salud y llevando una vida sana.

En este sentido, todos nosotros debemos decidir qué vamos a hacer con nuestros propios cuerpos. Esta es la razón por la que, cuando se trata de la salud, los adultos en plenitud de facultades toman por sí mismos la decisión sobre los tratamientos médicos a los que se someterán. Solo delegamos esta autoridad a alguien más si no somos capaces de ejercerla por nosotros mismos.

El aborto, sin embargo, es algo distinto. Es una situación en la que la decisión no tiene que ver solamente con el cuerpo de la mujer. Desde el momento de la concepción, una nueva vida, separada de la vida de la mamá, viene a la existencia. Una vez que esa vida existe, él o ella tienen derechos y no son solo una parte del cuerpo de la mujer de la que se puede disponer libremente.

Esta es una de las razones por las que las relaciones sexuales fuera del matrimonio son tan riesgosas. Cuando la consecuencia es un embarazo, se presenta una nueva y seria responsabilidad para la madre y el padre.

Desafortunadamente, los hombres que comparten la responsabilidad de un embarazo no siempre aceptan compartir la carga con la mujer y a menudo abandonan a su propia suerte a la madre y al niño. Algunas veces, las mujeres sienten que por razones económicas, sociales o emocionales no tienen otra opción más que el aborto. La fuerte polarización que existe entre los pro-vida y los que están a favor del aborto solo empeora las cosas, porque impide establecer un diálogo basado en la razón natural sobre aquellas cosas en las que *estamos de acuerdo* (por ejemplo, nadie piensa que el aborto sea algo *bueno*).

La feminista Naomi Wolf escribió uno de los mejores ensayos que yo haya leído sobre el tema. En él, hace un llamado para que el movimiento que defiende el aborto cambie radicalmente su retórica:

> Necesitamos dar un contexto a la lucha para defender el derecho al aborto ofreciendo un marco moral que admita que la muerte del feto es una muerte real; que hay diversos grados de culpabilidad, de conocimiento de causa y de responsabilidad que están implicados en la decisión de interrumpir un embarazo; que la mejor forma de entender el feminismo implica que tanto las mujeres como los hombres asuman sus responsabilidades, las cuales son inseparables de sus derechos; y que necesitamos ser suficientemente fuertes para reconocer que las altas tasas de aborto en este país solo pueden entenderse (…) como un fracaso[19].

Wolf también reconoce que, en términos de política pública, el principal problema es que no existe un consenso sobre el estatuto moral del embrión en sus primeros días. Si al inicio el embrión no es una persona humana, ¿qué es entonces? ¿Es un no-humano, un pre-humano, una simple masa biológica o qué? Al no ser capaces de entrar en un diálogo moral que nos dé una ética común, todo se reduce a discutir sobre si el aborto debe ser legal o no.

El periodista católico Peter Steinfels es consciente de este dilema. Cree que hemos hecho un progreso real, pero cree que en el futuro los católicos deben tener una estrategia articulada en tres partes: seguir trabajando por alcanzar la protección legal del embrión tan pronto como sea posible después de su concepción y hasta donde el consenso público lo permita; seguir trabajando de modo persuasivo a favor de la obligación moral de proteger la vida del no nacido desde la concepción; y fortalecer nuestro testimonio sobre el valor que damos a la vida humana preocupándonos por los pobres, los débiles, los extranjeros y los marginados[20].

De cualquier forma, si el aborto es legal o no, siempre estará mal moralmente. Aquellos que libre y conscientemente optan por el aborto siempre cometen un pecado serio.

Mi amiga tuvo un aborto cuando era joven. Después quiso tener un bebé, pero algunas personas le dijeron que no estaba preparada. Dicen que no podrá volver a comulgar. ¿Cometió un pecado grave?

Hay dos aspectos en esta pregunta. El primero es si, o hasta qué punto, tu amiga es moralmente culpable del aborto que tuvo. La culpabilidad moral, o la culpa, para cualquier pecado existe solamente en la medida en que la persona sabía lo que estaba haciendo y lo hizo libremente, sin coerción. Si tu amiga tuvo el aborto cuando era muy joven, es posible que no haya entendido completamente las implicaciones de su embarazo o de sus acciones. Su principal preocupación debe ser la responsabilidad moral que puede tener por sus decisiones, comenzando por su decisión de tener la actividad sexual que la llevó al embarazo. Eso es algo que ella puede determinar con la ayuda de un sacerdote o director espiritual.

Si actuó bajo coerción o manipulación –por ejemplo, por insistencia de sus padres o de su pareja– su culpa moral puede verse atenuada. De hecho, cualquiera que anime o presione a alguien a tener un aborto también comete un acto moralmente malo y tiene una responsabilidad por contribuir a él. Esas personas también deben buscar el perdón de Dios en el sacramento de la Reconciliación y hacer penitencia por cualquier sufrimiento que hayan causado.

El segundo aspecto es analizar si tu amiga puede o no participar en la Eucaristía. Incluso si era suficientemente mayor como para actuar libremente y entender lo que estaba haciendo, no debe alejarse de la Iglesia. Muchas veces la celebración de la Eucaristía crea puentes para la gracia, los cuales llevan a una comprensión más clara de las cosas, a una conversión de corazón y animan a las personas a buscar la reconciliación. Los pecados más graves pueden ser perdonados, por tanto, ella puede reestablecer su completa comunión con la Iglesia.

Si bien no debe recibir la Comunión si se encuentra en un estado serio de pecado, deberías invitarla tanto como puedas a que te acompañe a Misa. Todos necesitamos algunas veces el aliento y apoyo de un amigo para dar el siguiente paso. Tu invitación podría ser un gran acto de caridad y de amistad que la ayude a liberarse de un gran peso.

¿Cómo puede ser legal el aborto si es claramente inmoral?

Si bien la doctrina de la Iglesia sobre la moralidad del aborto es clara, hay otras preguntas sobre su legalidad. Es importante notar, en primer lugar, que hay una distinción importante entre moralidad y ley. La moralidad es una realidad interna orientada a hacernos personas buenas y virtuosas, personas que están buscando la perfección personal. Solo me convertiré en una persona virtuosa si opto libremente por cosas buenas.

La ley civil o las políticas públicas, por otro lado, están primariamente orientadas a conservar el orden público y el bien común. Cuando los legisladores aprueban leyes, lo hacen con la intención de que estas ayuden a los ciudadanos a ser personas más íntegras, pero su principal objetivo es crear las circunstancias para que las personas puedan vivir juntas en paz. Si, por un lado, hay cosas que consideramos ilegales e inmorales (como el asesinato, el robo o el fraude), por otro, hay otras cosas que son legales pero inmorales (el juego, el aborto, beber en exceso) así como cosas que no son inmorales, pero sí ilegales (como exceder el límite de velocidad). Esto nos demuestra que, si bien hay una relación clara entre legalidad y moralidad, se trata de dos cosas distintas.

Tanto san Agustín como santo Tomás de Aquino hablan de esta distinción. Agustín la usó cuando decía que no deberíamos tratar de eliminar la prostitución, porque eso sería imposible. Lo más que podemos hacer, dijo, es tratar de limitarla a ciertos lugares y tiempos, para mantenerla al margen de la vida social. Santo Tomás usó un argumento semejante cuando se preguntaba si deberíamos tolerar los ritos religiosos de los no cristianos (que para el eran claramente pecaminosos). Sugería que los toleráramos legalmente, dado que de otra forma podrían suscitarse agitaciones sociales o revueltas, las cuales tendrían un resultado opuesto al objetivo de la ley, esto es, conservar el orden público.

Por tanto, un católico puede pensar legítimamente que por una u otra razón es imposible o inviable eliminar el aborto haciéndolo ilegal. Alguien podría pensar, por ejemplo, que sería imposible hacer cumplir una ley como esa, especialmente en una época en que drogas abortivas como la "píldora del día después" están al alcance de cualquier persona. Por tanto, desde el punto de vista teórico, es posible para un católico o para cualquier otra persona de buena voluntad que comprenda la maldad moral del aborto, tolerar que sea legal, siempre y cuando esa persona también trabaje de alguna forma por reducir o eliminar ese mal de la sociedad.

¿Es pecado votar por un candidato que está a favor del aborto?

Si el candidato está verdaderamente a favor del aborto, en el sentido de que él o ella promueve el aborto por razones genéticas o de control de la población (por ejemplo, si el candidato apoya una legislación que obligaría a abortar a cualquier feto que tenga algún defecto genético), la respuesta es claramente sí. Votar por alguien así implicaría que el votante comparte las intenciones asesinas del candidato. Un voto como ese nunca podría ser justificado, sin importar las posturas del candidato en otros campos.

Por desgracia, las cosas rara vez se presentan tan claras. Los candidatos casi nunca se muestran como favorables al aborto. Prefieren decir que están a favor de la libre elección de la mujer, un eslogan que puede entenderse de muchas maneras. Este tipo de eslogan es utilizado por muchos candidatos porque les permite ser conscientemente ambiguos acerca de sus convicciones. También les permite lanzar sus redes más ampliamente y conseguir tantos votantes como les sea posible.

Por tanto, los votantes deben tener particular cuidado para discernir cuál es la verdadera posición de un candidato, el cual puede estar a favor del aborto al menos de tres maneras. Primero, estar a favor del aborto puede significar que el candidato no tiene ningún problema moral con el aborto en cuanto tal. Se trata de un asunto personal que no corresponde a otros y ciertamente no está sujeto a restricciones legales. Votar por un candidato que adopta esta posición sería moralmente inaceptable para cualquiera que crea que el aborto es un mal moral.

En segundo lugar, estar a favor del aborto podría significar que el candidato cree que el aborto es inmoral por razones religiosas, pero cree que esta convicción religiosa no debe ser impuesta a otros que no comparten su fe. Aunque esta es una postura que encuentra mucha aceptación, me parece un argumento ambiguo, evasivo e insincero porque el estatuto moral del embrión –que es en realidad una persona– no es solo un problema religioso.

Cualquier persona razonable de buena voluntad puede (y debe) preguntarse: ¿el embrión es una persona o no? Y si "eso" es una persona, entonces ¿merece cierto tipo de derechos humanos? A mí me sería difícil votar por un candidato que abrazara esta postura.

Una tercera posibilidad es un candidato que cree, ya sea por motivos religiosos o no, que el embrión es una persona y que el aborto es moralmente inaceptable. Aun así, este candidato puede creer también que no se puede eliminar el aborto a base de golpes legislativos y que una situación en la cual se tienen abortos *y* una red ilegal e insegura de clínicas abortivas sería peor que la alternativa. Un votante podría no compartir la convicción del candidato sobre la imposibilidad de eliminar el aborto por medios legales; pero no podría reprocharle su postura, siempre y cuando este deje claro que el aborto es un mal moral y proponga otros medios para reducirlo o eliminarlo.

En julio de 2004, antes de su elección como Papa, el Card. Joseph Ratzinger publicó una breve declaración respondiendo a la pregunta de si uno debe votar por un candidato que tenga dicha postura. Dijo Ratzinger:

> Un católico sería culpable de cooperación formal con el mal y por lo mismo no podría recibir la Comunión si deliberadamente vota por un candidato precisamente *por su postura permisiva* en relación con el aborto y la eutanasia; cuando un católico no está a favor del aborto o la eutanasia, pero vota por el candidato por otras razones, eso es considerado cooperación material remota con el mal, la cual puede ser permitida por una *razón proporcionada* [la letra en cursiva es mía].

La Conferencia de Obispos Católicos de Estados Unidos comparte esta postura en el documento *Formando la conciencia para ser ciudadanos fieles* en 2008, cuando los obispos dijeron:

Un votante católico no puede votar por un candidato que esté a favor de un mal intrínseco, como el aborto o el racismo, si la intención del votante es apoyar esa postura. En ese caso, el votante sería culpable de cooperación formal con un mal grave [traducción nuestra]

Por tanto, un votante católico podría, después de una detenida consideración, votar por ese candidato, *siempre y cuando el voto se haga a pesar de la permisiva postura* del candidato sobre la legalidad del aborto. Se sobreentiende que un católico que vota de acuerdo con este razonamiento también debería estar comprometido con alguna otra estrategia más allá de la legal para reducir o eliminar males morales como el aborto o la eutanasia.

CONCLUSIÓN

Sexo y espiritualidad

Hace muchos años, uno de mis profesores de Teología dijo que solo había una pregunta sobre la ética sexual, a saber, "¿cuál es la finalidad de una relación sexual?". En aquel momento, pensé que la cosa no podía ser tan simple, pero me he dado cuenta a lo largo de los años que verdaderamente es así. Hay muchas razones por las que la gente tiene sexo. Algunas son buenas, otras no son tan buenas y otras más son despreciables. La ética sexual es en realidad un proceso para separar una categoría de otra.

Sabemos que una buena razón para el sexo es la procreación, la cual es tanto un bien personal como social. De hecho, hasta hace no mucho tiempo la Iglesia veía a la procreación como el fin primordial del matrimonio y de la sexualidad. Aun así, como ha notado el teólogo Francis W. Nichols, existe un "valor agregado" en la sexualidad, esto es, motivos por los que las personas tienen relaciones sexuales incluso si ya han formado una familia (o no pudieron tener hijos por una u otra razón)[21]. Nuestra sexualidad sirve para la procreación, pero también expresa ternura y amor; nutre amistades, construye comunidades y hace más profunda nuestra apreciación de la belleza. Ronald Rolheiser reflexiona en estas otras dimensiones de la sexualidad:

> La sexualidad no es cosa simplemente de encontrar un amante o incluso un amigo. Se trata de superar la distancia que hay entre las personas a través de dar la vida y respetarla. Así, en su madurez, la sexualidad tiene que ver con darse a uno mismo a la comunidad, a la amistad, a la familia, al servicio, a la creatividad, al buen humor, al disfrute y al martirio, de forma que con Dios podamos cooperar a traer la vida al mundo[22].

El peligro de un libro pequeño como este, especialmente si está escrito en forma de preguntas y respuestas, es que puede parecer un libro de recetas de cocina o un instructivo. Esto sería reductivo, porque incluso si hemos hablado de muchas preguntas sobre el sexo y la sexualidad, al final, la sexualidad es una historia y una experiencia personal. Cada uno de nosotros podría relatar su propia historia en relación con el sexo. Esta comenzaría desde la pubertad (o antes, si podemos recordar todas las influencias que nos hicieron ser quienes somos) hasta los primeros años de la adultez, la edad madura y finalmente la calvicie y las canas.

Pero esta historia es también un testimonio de la acción de la gracia en nuestras vidas. Nuestra sexualidad se mezcla íntimamente con nuestra espiritualidad. Ambas son historias de vida; ambas son caminos hacia Dios. Algunos momentos de nuestra vida sexual pueden haber sido torpes, incómodos o vergonzosos; otros pueden haber estado llenos de respeto, convirtiéndose en santos y sagrados. Pero todos ellos son parte de lo que nosotros somos actualmente y solo a través de ellos podemos esperar llegar algún día a estar en la presencia de Dios. Por tanto, parece conveniente terminar este libro con una reflexión sobre la espiritualidad, que es la que une e integra todas estas experiencias sexuales tan variadas.

Hay razones por las que no asociamos fácilmente las palabras "sexo" y "espiritualidad". Por un lado, a menudo reducimos el sexo a sus aspectos físicos, como si no fuera más que la proximidad de dos cuerpos que se unen para un propósito puramente práctico. Por otro lado, tendemos a considerar la espiritualidad solo desde el estrecho punto de vista espiritual. Decimos "espiritualidad" como si esta no tuviera nada que ver con el cuerpo, cuando de hecho la espiritualidad cristiana está firmemente enraizada en la Encarnación, por la cual Dios se encarnó en Jesucristo. Al hacerlo, Jesús no solo "se puso" la naturaleza humana sobre sí, como si fuera un abrigo; se *hizo carne* y (excepto por el pecado) experimentó todo lo que nosotros experimentamos –incluyendo, probablemente, la atracción sexual y la tentación–. Esta forma de ver la humanidad de Jesús puede incomodarnos; la forma en que esta se retrata en *La última tentación de Cristo* y *El código da Vinci* causa controversia e incluso escándalo. ¿Cómo es posible que Cristo haya experimentado esas cosas?

Sin embargo, si decimos que Cristo se hizo hombre en toda la extensión de la palabra, entonces debemos ser honestos y preguntarnos: ¿cómo es posible que Jesús *no* haya experimentado esas cosas? El hecho de la Encarnación nos lleva a creer que nuestra propia corporeidad, incluso herida por el pecado, es *suficientemente buena* como para acoger la gracia. Por tanto, cuando definimos la espiritualidad, debemos ser cuidadosos para que esta abarque tanto nuestros cuerpos como nuestras almas. Una forma de definir la espiritualidad sería decir que es "la forma en que una persona se coloca en el mundo en relación con Dios". Esto significa que nosotros nos "colocamos" como personas reales, físicas, en un mundo también real; pero lo hacemos sabiendo que Dios es nuestro origen y nuestra meta. Otra forma sería decir, en palabras de Ronald Rolheiser, que la espiritualidad es "lo que hacemos con el fuego que llevamos dentro, la forma en que canalizamos nuestro *eros*". Esta definición es muy pertinente para este libro, dado que el *eros*, o el amor sexual, es un tipo de deseo humano muy fuerte. William E. May describe cómo la virtud de la castidad no destruye el *eros*, sino que lo modela:

> La castidad no busca suprimir o negar la sexualidad, sino más bien permite a la persona poner un orden lleno de amor e inteligente en su vida pasional para adueñarse de sus deseos y de esa forma todo su ser pueda ser integrado y estar en paz[23].

Otra forma de describir la espiritualidad es la forma en que la gracia se hace presente en mi personalidad o la perfecciona. Ya hemos hablado de cómo la gracia no elimina mi personalidad ni me vuelve irreconocible. La gracia perfecciona a quien yo soy, haciéndome de una forma más plena la persona que Dios quiere que sea. Cuando la gracia perfecciona la sexualidad, la modela de tal modo que está a mi servicio y al de la gente que me rodea.

Soledad y sexualidad

La sexualidad implica creatividad y unión, pero hay también momentos en que nuestro amor y deseo no encuentran descanso o se sienten insatisfechos. Todos nosotros, incluso las parejas casadas, tenemos momentos de intensa soledad. Esta en sí misma no es una experiencia buena o agradable; pero podemos aprender a transformar la soledad en una soledad constructiva si la vemos como un tiempo para profundizar en el amor a nosotros mismos a través de la oración y de la reflexión.

Esto puede parecer paradójico, pero solo podemos amar a otros en la medida en que nos amemos a nosotros mismos, porque estamos agradecidos con Dios por el don de la vida. Escribiendo acerca de la espiritualidad del celibato, A.W. Richard Sipe observa:

> La oración, el conocimiento de uno mismo y la sinceridad deben conducir de una manera bastante natural a la convicción de ser amado, lo cual se convierte en un adecuado amor a uno mismo. Estos son los fundamentos sobre los que se apoya todo el celibato o amor sexual. Una vez más, fue Agustín el que aconsejó: "Primero, fíjate si has aprendido a amarte a ti mismo (...). Si no has aprendido a amarte a ti mismo, me temo que vas a tratar mal a tu prójimo como a ti mismo". El mensaje del Evangelio es claro: "ustedes son amados". Debemos aplicar esto a nosotros mismos, antes de que podamos convencer a otros de esa buena noticia[24].

Cultivar la soledad y la gratitud es algo que los célibes con votos, los solteros y las parejas casadas tienen en común. La soledad nos recuerda que nunca nos sentiremos completamente plenos en esta vida. Dios nos creó a final de cuentas para vivir con él y, como dice san Agustín, "nuestros corazones estarán inquietos hasta que no descansen en Dios". Cuando experimentamos la soledad y el deseo sexual, tenemos que recordar que aunque nuestro destino es eterno, nuestros cuerpos a veces desean hacer un alto en el camino y "descansar" en algo más cercano. Los momentos de soledad por los que atravesamos son oportunidades para experimentar nuestra limitación y deseo de Dios, y tratar de dirigirlos hacia él que nos llamó a la existencia y que nos llama a volver y a unirnos con él.

Lecturas recomendadas

Las preguntas y respuestas de este libro son breves y tratan de proporcionar solo algunas orientaciones generales. Las siguientes publicaciones tratan estas preguntas con mucha más profundidad y ofrecen un estudio más amplio de las dificultades afrontadas en este libro.

Documentos de la Santa Sede

Los siguientes documentos se encuentran en la página de internet del Vaticano (www.vatican.va).

Humanae Vitae: sobre la regulación de la natalidad (25 de julio de 1968).

Persona Humana: Declaración sobre ciertas preguntas relacionadas con la ética sexual (29 de diciembre de 1975).

Donum Vitae: Instrucción sobre el respeto de la vida humana en su origen y sobre la dignidad de la procreación (22 de febrero de 1987).

Documentos de la Conferencia de Obispos Católicos de Estados Unidos

Los siguientes documentos se encuentran disponibles en la página de internet www.usccb.org:

Siempre serán nuestros hijos: un mensaje pastoral a los padres con hijos homosexuales y sugerencias para agentes de pastoral (10 de septiembre de 1997).

Entre hombre y mujer: preguntas y respuestas sobre el matrimonio y las uniones del mismo sexo (*Between Man and Woman: Questions and Answers About Marriage and Same-Sex Unions*). Disponible solo en inglés (17 de noviembre de 1993). Ofrece el resumen de una "espiritualidad de la familia", incluyendo preguntas y respuestas.

El amor matrimonial y el don de la vida. Ofrece un breve resumen de las enseñanzas de la Iglesia sobre el amor sexual dentro del matrimonio y un estudio sobre la anticoncepción y la planeación familiar natural.

Ministerio a las personas con inclinación homosexual: directrices para la atención pastoral (14 de noviembre de 2006). Directivas para párrocos que deben servir a personas homosexuales.

Marriage and the Family in the United States: Resources for Society. A Review of Research on the Benefits Generated From Families Rooted in Marriage (*El matrimonio y la familia en los Estados Unidos: recursos para la sociedad. Estudio sobre los beneficios que generan las familias basadas en el matrimonio*). Secretariado de Washington para los laicos, el matrimonio, la vida familiar y los jóvenes (2012).

Libros

Vincent Genovesi. *In Pursuit of Love: Catholic Morality and Human Sexuality. Segunda edición.* Collegeville, MN: Liturgical Press. 1996. A menudo se utiliza como libro de texto en los seminarios y ofrece una detallada explicación de las enseñanzas de la Iglesia con un análisis crítico.

John S. Grabowski. *Sex and Virtue: An Introduction to Sexual Ethics.* Washington, D.C.: Catholic University of America Press. 2003. Analiza muy bien la sexualidad humana desde las perspectivas teológica, ética y escriturística.

William E. May, Rev. Ronald Lawler y Joseph Boyle Jr. *Catholic Sexual Ethics: A Summary, Explanation, and Defense. Segunda edición.* Huntington, IN: Our Sunday Visitor. 1998. Una defensa y resumen, detallados y completos, que ofrecen una explicación sólida de los orígenes de la ética sexual católica.

Kevin O'Neil, CSsR y Peter Black, CSsR. *The Essential Catholic Handbook: A Guide to Catholic Living.* Liguori. 2003. El libro está dirigido a católicos de a pie e incluye una introducción a principios morales básicos; también contiene capítulos sobre ética sexual, médica y social.

Todd A. Salzman, Michael G. Lawler y Charles E. Curran. *The Sexual Person: Toward a Renewed Catholic Anthropology.* Washington, D.C.: Georgetown University Press. 2008. Un estudio completo desde el punto de vista filosófico.

Notas

1 Denise Lardner Carmody, "Doing Sexual Ethics in a Post-Permissive Society," *The Way* 28 (July 1988) 244-53 [traducción nuestra]. Todd A. Salzman y Michael G. Lawler llegan a una conclusión semejante al hablar del sexo como una realidad espiritual: "El amor, incluyendo el amor sexual, compartido por una pareja en una relación, los conduce a la comunión y esto (...) refleja la comunión de la Trinidad, los acerca a Dios, fortalece su relación y esta, en su exuberancia, afecta al resto de sus relaciones" [traducción nuestra]. *Sexual Ethics: A Theological Introduction* (Washington, D.C.: Georgetown University Press, 2012) 57-58.

2 Thomas Merton, *Seeds of Contemplation* (Abbey of Gethsemani, Inc., 1961) 25 [traducción nuestra].

3 "A Big Heart Open to God," entrevista exclusiva con el Papa Francisco por Antonio J. Spadaro, SJ, *America* (30 de septiembre de 2013).

4 William E. May, *Sex, Marriage and Chastity: Reflections of a Catholic Layman, Spouse and Parent* (Chicago: Franciscan Herald Press, 1982) 152 [traducción nuestra].

5 A.W. Richard Sipe, *Celibacy: A Way of Loving, Living and Serving* (Liguori, 1996) 25 [traducción nuestra].

6 The Rand Corporation, *Does Watching Sex on TV Influence Teens' Sexual Activity?* (rand.org/pubs/research_briefs)

7 Paul J. Wadell, *Happiness and the Christian Moral Life: An Introduction to Christian Ethics*, edición revisada (Lanham, MD: Rowman y Littlefield, 2012) 29-31 [traducción nuestra]. Véase también el libro que escribió antes *The Primacy of Love: An Introduction to the Ethics of Thomas Aquinas* (New York, Paulist, 1992), en el que dice: "La amistad es una 'especie de sociedad', una pequeña comunidad de destinos, en la cual el amor y la bondad se intercambian (...) las amistades son

escuelas de virtud (…) porque toda amistad es una relación cuyo amor y preocupación por el bien del otro nos hace mejores personas. Las amistades son escuelas de virtud porque en ellas aprendemos claramente cómo hacer el bien, particularmente aprendemos a practicar la justicia (…). Los amigos practican el amor con nosotros y de ese modo nos llevan a ser algo que no habríamos podido ser por nosotros mismos. Los amigos ven cosas en nosotros que nosotros nunca habríamos visto o, incluso si las vemos, solo ellos saben cómo hacer que las consigamos. Un buen amigo es alguien que saca lo mejor de nosotros, alguien que crea una nueva realidad en nosotros de la forma más prometedora. Esa es la razón por la que un buen amigo se parece mucho a un artista…" [traducción nuestra] (69-70).

8   Charles Blow, "The Demise of Dating," *The New York Times* (13 de diciembre de 2008) [traducción nuestra].

9   Laurie Fendrich, "Hooking Up," *The Chronicle of Higher Education* blog (13 de diciembre de 2008) [traducción nuestra].

10 "Dorm Brothel: The New Debauchery, and the Colleges That Let It Happen," orthodoxytoday.org/articles6/GuroianCollege.php, consultado el 12 de abril de 2013 [traducción nuestra].

11 John Stoltenberg, *Refusing to be a Man: Essays on Sex and Justice* (Portland, OR: Brietenbush Books, Inc., 1989; edición revisada, Londres, UCL Press, 1999) 49 [traducción nuestra].

12 Stoltenberg, 44. 13 [traducción nuestra]

13 "Legislation Creating 'Same-Sex' Marriage: What's at Stake?" (*Catholic New World,* enero 6-19, 2013).

14 Philip S. Keane, *Sexual Morality: A Catholic Perspective* (New York: Paulist Press, 1977) 95 [traducción nuestra].

15 John Money, MD, *Gay, Straight and In-Between: The Sexology of Erotic Orientation* (Nueva York: Oxford, 1988).

[16] Véase, por ejemplo, Gregory Herek de la Universidad de California-Davis: "Para el presente estudio, el punto más importante es que muchos de los pedófilos no pueden ser descritos, teniendo ello relevancia alguna, como homosexuales, heterosexuales o bisexuales (en el sentido ordinario de esos términos) porque en realidad no son capaces de una relación con un adulto, ya sea este hombre o mujer. La atracción sexual que experimentan no se basa en el género, sino en la edad. Estos individuos, que a menudo son considerados personalidades obsesivas, se sienten atraídos a los infantes, no a mujeres u hombres" [traducción nuestra] psychology.ucdavis.edu/rainbow/html/ facts_molestation.html, consultado el 12 de abril de 2013.

[17] Una encuesta realizada por el *Pew Research Center* en marzo de 2013 muestra un cambio significativo en la forma en que se ve el matrimonio gay, el cual parece mostrar también un cambio en las actitudes hacia la homosexualidad en cuanto tal. El estudio encontró que en 2003, el 58 por ciento de las personas encuestadas se oponía al matrimonio gay y un 33 por ciento estaba a favor. Diez años más tarde, el 49 por ciento estaba a favor y el 44 por ciento en contra. Entre aquellos que pertenecen a la así llamada "generación del milenio", nacidos después de 1980, el porcentaje de los que están a favor fue cercano al 70 por ciento. Obviamente, las encuestas no determinan la moralidad, pero el estudio muestra que algo ha causado un cambio significativo en las actitudes.

[18] Sinopsis tomada de Wikipedia, versión inglesa [traducción nuestra].

[19] Naomi Wolf, "Our Bodies, Our Souls: Rethinking Pro-Choice Rhetoric," *The New Republic* (16 de octubre de 1995) 26-35.

[20] "Beyond the Stalemate: Forty Years after 'Roe,'" *Commonweal* (3 de junio de 2013).

21 Francis W. Nichols, "Sexuality Fully Human," *The Furrow* (marzo1983).

22 Ronald Rolheiser, *The Holy Longing: The Search for Christian Spirituality* (Nueva York: Doubleday, 1999) 198 [traducción nuestra].

23 William E. May, Rev. Ronald Lawler, Joseph Boyle Jr., *Catholic Sexual Ethics: A Summary, Explanation and Defense, segunda edición* (Huntington, IN: Our Sunday Visitor, 1998) 126.

24 Sipe, *Celibacy,* 133.

CPSIA information can be obtained
at www.ICGtesting.com
Printed in the USA
FFOW02n0431240317
33620FF